ラーメン

Das inoffizielle KOCHBUCH

NARUTO

Das inoffizielle KOCHBUCH

PANINI BOOKS

Inhalt

EINLEITUNG

Angesichts des Umstands, dass Naruto auch die Bezeichnung einer beliebten Ramen-Garnitur ist, verwundert es nicht, dass Essen in den *Naruto*-Animes und -Mangas so allgegenwärtig ist. Von ikonischen Momenten wie dem Verzehr des Currys des Lebens bis hin zu Alltagsmomenten der Dorfbewohner, die an einem kleinen Straßenstand Dumplings genießen, spielt kulinarischer Genuss in der Serie eine bedeutende Rolle. Da ist es für Fans wie uns ganz natürlich, die große Auswahl an Speisen zu feiern, die in der Show zu sehen sind. Und selbstverständlich auch unsere Chance, sie endlich selbst zu genießen!

Die in diesem Buch versammelten Rezepte sind eine Auswahl an Gerichten und Getränken, die in der Welt von Naruto zu sehen sind oder davon beeinflusst wurden. Ichirakus Nudelshop, das Restaurant, in dem Naruto praktisch *lebt*, ist hierfür das beste Beispiel, während euch die Speisen eurer Lieblingscharaktere (z. B. Chōjis Chips) und von *Naruto* inspirierte Köstlichkeiten wie z. B. Kuramas neunschwänzige Kitsune-Udon noch tiefer in die Shinobi-Welt eintauchen lassen – das, und euer Appetit!

Das Essen in *Naruto* ist maßgeblich von der japanischen Küche beeinflusst, weshalb dieses Buch zugleich auch als gute Einführung in diese Art des Kochens dient. Um euch dabei zu helfen, vom Koch-Genin zum Küchen-Hokage aufzusteigen, beginnt jedes Kapitel mit einer Ninja-Mission, die euch eine wesentliche Fähigkeit oder Technik lehrt. Genau wie bei den Missionen, die in *Naruto* von hochrangigen Shinobi verteilt werden, ist jede dieser Aufgaben von D (Anfänger) bis B (Fortgeschritten) eingestuft. (Sorry, Genin, keine A- oder S-Missionen für euch!) Sobald ihr alle Aufgaben abgeschlossen habt, seid ihr versiert genug in der japanischen Küche, um euch jeder kulinarischen Herausforderung zu stellen, die euch da draußen erwartet!

EINES KOCH-NINJAS SPEISEKAMMER

Wie jede Küche hat auch die japanische ihre ganz besonderen Zutaten, die sie zu dem machen, was sie ist. Mit einigen dieser Zutaten wie beispielsweise Sojasoße seid ihr wahrscheinlich bereits bestens vertraut, doch andere, etwa Kombu, könnten neu für euch sein. Die meisten Zutaten, die ihr für die Rezepte in diesem Buch benötigt, findet ihr in eurem örtlichen Supermarkt - ihr werdet überrascht sein, was ihr so alles in dem Gang mit »internationalen Spezialitäten« findet, an dem ihr sonst meist einfach vorbeigeht. Um andere Dinge zu bekommen, müsst ihr womöglich einem asiatischen Lebensmittelgeschäft einen Besuch abstatten oder online bestellen, was ihr braucht. (Was übrigens viel einfacher ist, als sich in den Wald des Todes zu begeben!) Viele dieser Zutaten kann man abgepackt, in Flaschen oder auch Dosen oder auch getrocknet erwerben, also besorgt euch am besten gleich einen soliden Vorrat!

ABURAAGE

Beschaffbarkeit: Schwierig

Aburaage ist ein Tofu-Produkt und wird durch das Frittieren von dünn geschnittenem Tofu hergestellt. Für gewöhnlich wird Aburaage bei der Zubereitung in Streifen ge- oder an der Längsseite aufgeschnitten, um es wie eine »Tasche« zu öffnen, ganz ähnlich wie ein Fladenbrot. Meist wird Aburaage gewürzt serviert. Vorgewürzte Aburaage ist meist in Dosen abgepackt. Ungewürztes Aburaage hingegen wird normalerweise tiefgefroren angeboten.

BAMBUSSPROSSEN

Beschaffbarkeit: Einfach

Dies sind die jungen Triebe der Bambuspflanze. Frische Bambussprossen sind ein Symbol des Frühlings und nur für kurze Zeit im Jahr erhältlich. Bambussprossen aus der Dose hingegen bekommt man immer.

BONITOFLOCKEN

Beschaffbarkeit: Einfach

Auf Japanisch als *Katsuobushi* bezeichnet, sind dies Flocken aus getrocknetem Bonito, einer Fischart, die mit der Makrele und dem Thunfisch verwandt ist. Bonitoflocken gehören zu den Grundzutaten der japanischen Küche und werden u. a. als Grundlage für die Herstellung von Dashi verwendet. Allerdings kann man sie auch hervorragend als Garnitur auf so ziemlich alles streuen.

DAIKON-RETTICH

Beschaffbarkeit: Schwierig

Diakon-Rettich ist ein großes, rundes, weißes Wurzelgemüse von knackiger Beschaffenheit und eine großartige Ergänzung zu Pfannengerichten und Eintöpfen. Außerdem kann man ihn hervorragend einlegen und reiben, um damit Fleischgerichte zu würzen.
Alternative: Falls nötig, könnt ihr Daikon durch gewöhnlichen Rettich ersetzen, aber Daikon-Rettich schmeckt pfeffriger.

DASHI

Beschaffbarkeit: Mittel

Hergestellt aus Bonitoflocken und Algen, ist Dashi die Grundbrühe der japanischen Küche. Im 1. Kapitel dieses Buches erfahrt ihr, wie ihr euren eigenen Dashi zubereitet! Ansonsten sind Instant-Dashi-Pulver oder -Pasten ein ausgezeichneter Ersatz. Es empfiehlt sich immer, beim Kochen etwas Dashi zur Hand zu haben!
Alternativen: Hühner- oder Gemüsebrühe

EDAMAME

Beschaffbarkeit: Mittel

Diese grünen jungen Sojabohnen werden im Westen immer beliebter und können geschält oder ungeschält erworben werden. Für gewöhnlich ist Edamame in der Tiefkühlabteilung eures Supermarkts zu finden.

FURIKAKE

Beschaffbarkeit: Mittel

Furikake ist eine Gewürzmischung, die auf Gerichte gestreut wird. Typischerweise besteht Furikake aus Sesam, getrockneten Algen und noch einigen weiteren Aromen. Furikake lässt sich problemlos selbst herstellen, wie ihr bei den ersten Rezepten dieses Buches feststellen werdet!

INGWER

Beschaffbarkeit: Einfach

Ihr kennt dieses scharfe Gewürz wahrscheinlich schon in der einen oder anderen Form, aber wir sprechen hier nicht von dem Ingwerpulver in eurem Küchenschrank! In der japanischen Küche wird frische Ingwerwurzel bei so ziemlich jeder Gelegenheit verwendet. Wickelt frischen Ingwer, wenn ihr in gerade nicht braucht, fest in Frischhaltefolie und bewahrt ihn im Kühl- oder Gefrierschrank auf.

HARUSAME

Beschaffbarkeit: Mittel

Harusame bedeutet übersetzt so viel wie »Frühlingsregen« und ist das japanische Wort für Glasnudeln. Diese getrockneten Nudeln werden beim Kochen sehr dünn und durchscheinend.

JAPANISCHER REIS

Beschaffbarkeit: Einfach

Die häufigste Reissorte in Japan ist mittelkörniger Reis, manchmal auch als Sushireis bezeichnet. Dieser Reis besitzt eine einzigartige, klebrige Textur, die andere Reissorten nicht haben. Guter japanischer Reis ist für die Zubereitung von Sushi und Onigiri unerlässlich!

KOMBU

Beschaffbarkeit: Mittel

Diese dicken, dunklen, ledrigen, getrockneten Algen werden hauptsächlich zur Herstellung von Dashi verwendet. Da Kombu geschmacklich sehr intensiv ist, genügt schon ein bisschen hiervon, um Speisen den erforderlichen Kick zu verpassen!

MIRIN

Beschaffbarkeit: Einfach

Mirin, ein süßer Likör auf Reisbasis, wird allein zum Kochen verwendet, niemals zum Trinken! Mirin ist eine der Kerngeschmacksrichtungen der japanischen Küche und für das authentische Aroma vieler Gerichte unerlässlich. Hon-Mirin bezeichnet natürlich hergestellten Mirin mit einem Alkoholgehalt von 20%, während Aji-Mirin ein fast alkoholfreier Mirin-Ersatz ist.

Alternativen: Süßer Sherry, Marsalawein, weißer Traubensaft

MISO

Beschaffbarkeit: Einfach

Miso, eine fermentierte, salzige Sojabohnenpaste, wird oft mit Weizen, Reis oder Gerste vermischt. Miso ist sehr nahrhaft und lecker. Die vielseitigste Sorte ist weißes Miso (auch wenn´s eigentlich gar nicht weiß, sondern hellbraun ist). Miso ist im Kühlschrank praktisch unbegrenzt haltbar, daher solltet ihr euch nicht scheuen, gleich eine größere Menge anzuschaffen.

MOCHI

Beschaffbarkeit: Mittel

Diese japanischen Reisküchlein gibt es in vielen unterschiedlichen Sorten. Einige sind süß, andere gefüllt, wieder andere aromatisiert oder ganz ungewürzt. Für die Rezepte in diesem Buch benötigt ihr einfache Mochi, die normalerweise getrocknet und einzeln verpackt verkauft werden. Mit etwas Glück findest ihr vielleicht aber auch frische Mochi in der Kühl- oder Gefrierabteilung asiatischer Lebensmittelläden.

MOCHIKO-REISMEHL

Beschaffbarkeit: Mittel

Manchmal auch als Klebreismehl bezeichnet, wird dieses spezielle Mehl aus Süßreis gewonnen, einem kleinkörnigen Reis mit hohem Stärkegehalt. Mochiko-Mehl ist viel klebriger als normales Reismehl und dient dazu, Mochi und anderen Reisküchlein ihre dichte, zähe Textur zu verleihen.

NORI

Beschaffbarkeit: Einfach

Diese getrocknete Alge, die für die Zubereitung von Sushi zu papierartigen Blättern verarbeitet wird, ist die Algensorte, die außerhalb Japans am leichtesten erhältlich ist. Lagert Nori, wenn ihr es gerade nicht verwendet, luftdickt verpackt in der Speisekammer, damit die Blätter nicht aufweichen. Sollte das Nori fad werden, haltet es einfach im Abstand von einigen Zentimetern über eine offene Flamme, bis die Farbe ein wenig dunkler wird, dann kehrt der Geschmack zurück!

REISESSIG

Beschaffbarkeit: Einfach

Ein milder Essig, der sich für Salatdressings und Marinaden eignet. Wird sowohl pur als auch gewürzt verkauft und ist unerlässlich für die Zubereitung von Sushi.

Alternative: Weißweinessig

SAKE

Beschaffbarkeit: Einfach

Sake, der Lieblingsalkohol der Japaner, ist ein Getränk aus fermentiertem Reis und eins der wichtigsten Aromen der japanischen Küche. Wird gern dazu verwendet, um den Wildgeschmack von Fisch und Fleisch abzumildern.

Alternativen: Sherry, chinesischer Reiswein, Weißwein

SESAMÖL

Beschaffbarkeit: Einfach

Sesamöl wird aus Sesamsaat hergestellt und hat einen reichen, tiefen Geschmack. Der größte Unterschied bei den verschiedenen verfügbaren Sorten ist der Röstgrad des verwendeten Sesams. Für die meisten Gerichte solltet ihr auf normales oder leichtes Sesamöl zurückgreifen.

SESAMSAAT

Beschaffbarkeit: Einfach

In der japanischen Küche wird sowohl schwarze als auch weiße Sesamsaat verwendet. Für gewöhnlich wird Sesam geröstet und dann grob zerstoßen, um das nussige Aroma zu »befreien«, das in der Saat eingeschlossen ist.

SHICHIMI TOGARASHI

Beschaffbarkeit: Einfach

Eine pikante Gewürzmischung aus sieben Gewürzen (*Shichi* bedeutet »sieben«, *mi* »Geschmack«). Wird oft verwendet, um Nudeln und Suppen ein bisschen Schärfe zu verleihen.

SHIITAKEPILZE

Beschaffbarkeit: Mittel

Diese Pilze sind frisch oder getrocknet erhältlich. Getrocknete Shiitake eignen sich ausgezeichnet zum Kochen und lassen sich durch das Einlegen in Wasser wieder »revitalisieren«. Shiitake haben eine dichtere Textur als andere im Supermarkt verfügbare Pilze wie z. B. Champignons. Außerdem können die Stängel ziemlich holzig sein. Daher ist es am besten, die Stängel größerer Shiitakepilze vor der Verwendung zu entfernen.

SHŌCHŪ

Beschaffbarkeit: Mittel

Shōchū ist ein hochprozentiger, traditioneller japanischer Schnaps, der typischerweise aus Süßkartoffeln, Gerste oder Reis destilliert wird.

Alternative: Wodka

SOBA-NUDELN

Beschaffbarkeit: Einfach

Diese dünnen Nudeln werden aus Buchweizen hergestellt und haben einen subtilen, nussigen Geschmack. Soba-Nudeln sind getrocknet und tiefgefroren verfügbar. Weiter hinten in diesem Buch erfahrt ihr, wie ihr eure eigenen macht!

SOJASOSSE

Beschaffbarkeit: Einfach

Sojasoße ist eine Grundzutat der japanischen Küche und in vielen verschiedenen Varianten verfügbar. Dunkle Sojasoße ist dabei zwar die vielseitigste, doch leichte Sojasoße hat einen süßeren, salzigeren Geschmack. Tamari hingegen ist eine dickflüssigere Art, die sich am besten als Dip eignet. Verwendet am besten eine japanische Sorte, da sich die Sojaaromen der verschiedenen asiatischen Küchen teils stark voneinander unterscheiden!

KLEBREIS

Beschaffbarkeit: Mittel

Ein sehr kurzkörniger Reis, der manchmal auch als Süßreis oder Mochigom bezeichnet wird. Besitzt eine superklebrige Textur und ist die Grundlage vieler Reiskuchen.

TOFU

Beschaffbarkeit: Einfach
In der japanischen Küche werden vor allem zwei Arten dieses Sojabohnenprodukts verwendet: seidiger und fester Tofu. Fester Tofu ist vielseitiger und kann in unzähligen Gerichten verwendet werden, während man Seidentofu am besten pur oder als Beilage in Miso-Suppe genießt.

UDON-NUDELN

Beschaffbarkeit: Mittel
Diese dicken, relativ zähen Nudeln können tiefgefroren oder getrocknet gekauft werden. Tiefgefrorene Udon-Nudeln haben eine dichtere Textur als getrocknete und sind manchmal in der Tiefkühlkostabteilung im Supermarkt zu finden. Weiter hinten in diesem Buch erfahrt ihr außerdem, wie ihr eure eigenen herstellt!

UMEBOSHI

Beschaffbarkeit: Schwierig
Diese salzigen, konservierten (und damit lange lagerfähigen) Pflaumen sind eine Grundzutat der japanischen Küche und eine beliebte Beilage zu Reisbällchen und Sushi. Die Pflaumen werden eingelegt, ohne sie vorher zu entsteinen; das Fruchtfleisch wird erst unmittelbar vor der Verwendung abgelöst. Die größten Chancen, Umeboshi im Laden zu finden, habt ihr wahrscheinlich in Supermärkten mit einer gut sortierten asiatischen Lebensmittelabteilung.

WAKAME

Beschaffbarkeit: Mittel
Dieser dunkelgrüne Seetang wird primär in Salaten, Suppen und Essiggerichten verwendet, wie z. B. in der klassischen Miso-Suppe. Wakame wird getrocknet verkauft und ist sehr geschmacksintensiv, geht beim Würzen also behutsam damit um! Außerdem vervielfacht sich das Volumen dieses Seetangs, wenn ihr ihn in Wasser einlegt, um ihn zu »reaktivieren«.

YUZUKOSHŌ

Beschaffbarkeit: Mittel
Eine vielseitige Gewürzpaste aus Chili, Salz und Yuzu. Die grünen Sorten dieser Paste sind typischerweise schärfer als die roten. Eine beliebte Ergänzung zu Suppen, Soßen und Sushi. Eignet sich außerdem großartig für Marinaden.

WIE MAN EIN ÜBERRAGENDER KOCH-NINJA WIRD

Genau wie der Weg zum Shinobi kann die Herausforderung, die kulinarischen Künste zu meistern, einschüchternd wirken. Doch wenn ihr den folgenden Verhaltenskodex befolgt, seid ihr eines Tages garantiert Hokage eurer eigenen Küche!

Ein Shinobi ist immer perfekt vorbereitet!
Stellt sicher, dass ihr alle Zutaten und Werkzeuge griffbereit habt, bevor ihr mit dem Kochen beginnt. Das gute Vorbereiten des Arbeitsplatzes sorgt für einen reibungslosen Ablauf, wenn alles schon geschnitten, portioniert und in Reichweite ist. Es gibt nichts Schlimmeres, als am Herd gerade voll in Action zu sein, um dann zu erkennen, dass eine wichtige Pfanne gerade in der Spüle einweicht oder ihr keinen Reis mehr habt, obwohl ihr ihn für das Rezept braucht.

Ein Shinobi muss die Anweisungen seines Kommandanten befolgen!
Lest jedes Rezept gründlich durch und macht euch mit den Zubereitungsschritten vertraut, *bevor* ihr anfangt! Wenn man schon tief in einer Mission steckt, ist das kein guter Zeitpunkt, um zu erkennen, dass man keine Ahnung hat, was man als nächstes tun soll!

Ein Shinobi kennt seinen Rang!
So, wie der Hokage keinen Genin, der noch grün hinter den Ohren ist, auf eine S-Rang-Mission schicken würde, ist es ratsam, als angehender Koch nicht gleich mit den schwierigsten Gerichten zu beginnen. Deshalb sind die Rezepte in diesem Buch in Schwierigkeitsgrade unterteilt: von Genin (leicht) über Chūnin (mittel) bis Jōnin (schwer). Wenn ihr euer Ninjutsu einer schwierigeren Herausforderung unterziehen möchtet, als eurem Rang entspricht (so wie Naruto es täte), dann nur zu! Und falls das Ergebnis nicht so ist, wie ihr´s gern hättet, habt Geduld und versucht es einfach nochmal.

Ein Shinobi gibt nie auf!
Neue Jutsus zu lernen braucht Zeit! Ein angehender Sushi-Koch muss jahrelang warten, bevor er auch nur den Reis zubereiten darf. Gelingt ein Gericht beim ersten Mal nicht gleich perfekt, lasst euch davon nicht unterkriegen! Ein wahrer Shinobi weiß, dass jedem Scheitern auch eine Lektion innewohnt! Fragt euch: Was ist schiefgelaufen? Was hätte man besser machen können? Eure Fehler zu erkennen, hilft euch dabei, ein noch mächtigerer Küchen-Ninja zu werden!

1. KAPITEL: SUPPEN UND VORSPEISEN

Das Leben eines Shinobi ist – gelinde gesagt – rasant und aufregend! Und angesichts des Risikos, jeden Moment auf eine gefährliche Mission an einen weit entfernten Ort wie beispielsweise das Land des Schnees geschickt zu werden, muss man sich manchmal mit ein paar schnellen Bissen begnügen. Diese Rezepte eignen sich perfekt als kleine Stärkung vor oder während eines Abenteuers. Außerdem sind diese Suppen und Appetithäppchen großartige Vorspeisen, wenn ihr euer Team mit einem ganzen Menü verköstigt!

KONOHAGAKURE-AKADEMIE
MISSION #1: LASST UNS DASHI MACHEN!

Jeder Ninja des »unter den Blättern versteckten Dorfs« beginnt seine Ausbildung als Schüler an der Akademie. Um euch dabei zu helfen, es vom Kombüsen-Genin zum Küchen-Jōnin und noch weiter zu bringen, wird jedes Kapitel dieses Buchs von einer Koch-Ninja-Aufgabe geradewegs aus den Klassenräumen der Konohagakure-Akademie eingeleitet. Durch das erfolgreiche Meistern dieser Missionen erlernt ihr nicht bloß die Grundlagen der japanischen Küche – sondern füttert auch gleich noch ein ganzes Team hungriger Shinobi durch!

Diese erste Mission vermittelt euch die wichtigsten japanischen Aromen. Dashi, eine Fischbrühe, ist die Wurzel der japanischen Küche. Schon mal eine Miso-Suppe gegessen? Dann hattet ihr Dashi! Allerdings wird Dashi nicht bloß für die Zubereitung von Suppen verwendet, sondern dient als Basis zahlreicher Rezepte, um den Speisen eine subtile Umaminote zu verleihen. Zur Not könnt ihr zwar auch Dashi-Pulver nehmen, doch jeder aufstrebende Koch-Ninja sollte imstande sein, sein eigenes Dashi herzustellen. (Übrigens: Falls ihr zufällig im Ichiraku-Nudelshop vorbeischaut, verliert dort lieber kein Wort über Instant-Dashi ... Es sei denn, ihr legt es darauf an, dass Teuchi euch hochkant rauswirft!)

KLASSISCHES DASHI

SCHWIERIGKEIT: GENIN
VORBEREITUNGSZEIT: 5 MINUTEN
KOCHZEIT: 25 MINUTEN
ERGIBT: 6 PORTIONEN
SONDERAUSSTATTUNG: FEINMASCHIGES SIEB

2 l Wasser

1 Streifen getrockneter Kombu (ca. 12 cm lang)

10 g Bonitoflocken

Das Wasser in einen großen Topf geben und den Kombu hinzufügen.

Den Kombu ca. 30 Minuten einweichen lassen, dann bei mittlerer Hitze zum Kochen bringen. Ca. 5 Minuten köcheln lassen, dann den Kombu herausnehmen und entsorgen.

Die Hitze auf niedrig reduzieren, die Bonitoflocken hinzufügen und rühren, damit sie untertauchen.

Ca. 5 Minuten köcheln lassen; dabei den Schaum abschöpfen. Dann den Herd ausschalten und 15 Minuten ziehen lassen.

Das Dashi durch ein feinmaschiges Sieb in eine mittelgroße Schüssel gießen. Die Bonitoflocken entsorgen oder für die Zubereitung von Furikake aufbewahren.

In einem versiegelten Behälter im Kühlschrank ist das Dashi drei Tage haltbar.

NAHRUNGSMITTELERSATZ-JUTSU: VEGETARISCHES DASHI

Um vegetarisches Dashi herzustellen, einen verschließbaren Behälter mit Wasser und Kombu füllen und 50 g getrocknete Shiitakepilze hinzufügen. Mindestens 24 Stunden im Kühlschrank ziehen lassen. Die Brühe anschließend durch ein feinmaschiges Sieb in eine mittelgroße Schüssel gießen. Den Kombu und die Pilze entsorgen oder für die Zubereitung von Furikake aufbewahren.

RESTE-DASHI-FURIKAKE

SCHWIERIGKEIT: GENIN
VORBEREITUNGSZEIT: 5 MINUTEN
KOCHZEIT: 10 MINUTEN
ERGIBT: 6 PORTIONEN

10 g Dashi-Bonitoflocken, bereits verwendet (siehe vorheriges Rezept)

1 EL Sesamöl

1 TL Sesam

2 EL Sojasoße

2 EL Mirin

1 TL Zucker

Die Bonitoflocken und das Sesamöl in eine große Pfanne geben und bei mittlerer Hitze unter gelegentlichem Rühren einige Minuten erwärmen, bis der größte Teil der Flüssigkeit verkocht ist. Dann die Sesamsaat hinzufügen und das Ganze köcheln lassen, bis es angenehm duftet.

Die Hitze auf niedrig reduzieren und die Sojasoße, den Mirin und den Zucker mit in die Pfanne geben. Köcheln lassen, bis die überschüssige Feuchtigkeit verdunstet ist; dabei gelegentlich umrühren, um zu verhindern, dass sich Klümpchen bilden.

Wenn es um Furikake geht, ist bei der Zubereitung alles erlaubt: Streut es auf Reis- oder Nudelgerichte, mischt es unter eure Lieblingsonigiri oder garniert damit eure Suppen!

KAKASHIS AUBERGINEN-MISO-SUPPE

Angeblich gehört diese Suppe zu Kakashi Hatakes Leibspeisen. Vielleicht liegt das daran, dass Auberginen eine eher bescheidene Zutat sind, zugleich aber vielseitig genug, um in so ziemlich jeder Situation eingesetzt werden zu können - also in gewisser Weise genau wie Kakashi. Zudem neigen Auberginen dazu, die Aromen, in denen sie gegart werden, wunderbar aufzunehmen, ganz ähnlich wie der berühmte Kopier-Ninja, der sich bei anderen unzählige Ninja-Techniken abgeguckt hat. In Japan ist Miso-Suppe nicht bloß eine Suppe - sie verändert sich je nach Jahreszeit und dem, was gerade zur Hand ist. Dies ist ein gutes Grundrezept, aber das sollte euch nicht davon abhalten, nach Belieben eigene Zutaten auszuprobieren! Ein Ninja muss schließlich improvisieren können.

SCHWIERIGKEIT: GENIN
VORBEREITUNGSZEIT: 5 MINUTEN
KOCHZEIT: 20 MINUTEN
ERGIBT: 4 PORTIONEN

1 l Dashi (entweder Instant-Dashi oder selbstgemacht; siehe Rezept auf S. 15)

1 kleine Aubergine, gewürfelt

2 Stücke Aburaage (japanischer Tofu), in Streifen geschnitten

3 EL Miso

1 Bund Frühlingszwiebeln, fein gehackt

Das Dashi bei mittlerer Hitze in einen kleinen Topf geben und zum Kochen bringen. Die Aubergine und die Aburaage dazugeben und ca. 10 Minuten köcheln lassen, bis die Aubergine weich ist.

Die Hitze auf niedrig reduzieren. Dann eine kleine Schöpfkelle der Brühe in eine Schüssel füllen. Das Miso mit in die Schüssel geben und mit einem Löffel gut umrühren, bis sich das Miso vollständig aufgelöst hat; das Miso dabei mit der Rückseite des Löffels gegen die Seiten der Schüssel drücken.

Die Miso-Mixtur zurück in den Topf geben und umrühren, um alles zu vermischen. Anschließend darauf achten, dass die Suppe nicht nochmal aufkocht, da euer Miso sonst flockt!

Kurz vor dem Servieren die Frühlingszwiebeln mit in den Topf geben und ca. 1 Minute köcheln lassen. Dann portionsweise auf vier Schüsseln verteilen.

KONOHA-PILZSUPPE

Pilze sind gesund, würzig, schlicht und eine rundum großartige Kochzutat – mal abgesehen von der Chakra-absorbierenden Sorte, die Naruto und Mighty Guy auf ihrer Reise über das Meer der Stille essen. Davon lasst lieber die Finger! Man munkelt, dass dieses Rezept bis auf die frühen Tage von Konohagakure zurückgeht und womöglich sogar vom Gründer und Ersten Hokage des Dorfs, Hashirama Senju, ersonnen wurde. Im Ort hat es Tradition, die Suppe mit den Pilzen zuzubereiten, die gerade zur Hand sind, was dieses Gericht vor allem für Shinobi-Köche auf Mission zu einer unschätzbaren Bereicherung macht.

SCHWIERIGKEIT: GENIN
VORBEREITUNGSZEIT: 5 MINUTEN
KOCHZEIT: 35 MINUTEN
ERGIBT: 4 PORTIONEN

3 EL Sesamöl

180 g gemischte japanische Pilze (z. B. Shiitake, Enoki), grob gehackt

1 weiße Zwiebel, grob gehackt

3 Knoblauchzehen, gehackt

60 ml Sake

60 ml Mirin

750 ml Dashi

1 EL Sojasoße

1 Bund Frühlingszwiebeln, fein gehackt

Japanischer Pfeffer

Bei mittlerer Hitze einen großen Topf auf dem Herd erwärmen und die Hälfte des Öls hineingeben, sobald der Topf heiß ist. Die Pilze hinzufügen und ca. 5 Minuten anschwitzen, bis sie allmählich weich werden und sich an den Rändern braun färben. Die Pilze dann in eine kleine Schüssel geben und beiseitestellen.

Das restliche Öl zusammen mit der weißen Zwiebel in die Pfanne geben. Die Hitze auf mittel reduzieren und die Zwiebel 15 bis 20 Minuten ringsum anbraten, bis sie anfängt zu karamellisieren.

Den Knoblauch hinzufügen und noch einige Minuten länger garen. Dann die Pilze, den Sake, den Mirin, das Dashi und die Sojasoße dazugeben. Mit einem gut schließenden Deckel abdecken, die Hitze auf niedrig reduzieren und ca. 10 Minuten köcheln lassen.

Kurz vor dem Servieren die Frühlingszwiebeln dazugeben und einige Minuten köcheln lassen, bis die Zwiebeln weich sind. Nach Belieben mit Pfeffer würzen und auftischen.

NINJA-HUNDE-NIKUMAN

Der Inazuka-Clan ist bekannt für seine enge Bindung zu seinen Hunden - deshalb auch die roten, fangzahnartigen Male auf den Wangen der Clan-Mitglieder. Dieses Rezept zollt dem Inazuka-Clan mit gedämpften Brötchen Respekt, die vom Inazuka-Symbol geziert werden und ein Fest für jeden »Fleischfresser« sind. Die Füllung lässt sich problemlos an euren jeweiligen Fleischgeschmack anpassen. Vielleicht zieht ihr gegrilltes Fleisch vor oder mögt es ein bisschen schärfer? Ihr könnt diese saftige Köstlichkeit entweder pur oder mit Sojasoße servieren.

SCHWIERIGKEIT: CHŪNIN
VORBEREITUNGSZEIT: 2 STUNDEN
KOCHZEIT: 12 MINUTEN PRO SCHWUNG
ERGIBT: 12 BRÖTCHEN
SONDERAUSSTATTUNG: BAMBUS-DAMPFGARER

FÜR DIE FÜLLUNG

3 getrocknete Shiitakepilze

50 g geraspelter Kohl

1 EL Salz

375 g Schweinehack

2 Frühlingszwiebeln, dünn geschnitten

1 Stückchen frischer Ingwer (ca. 3,5 cm), gerieben

3 Knoblauchzehen, fein gehackt

¼ TL Maisstärke

1 EL Sojasoße

1 EL Sake

1 TL Sesamöl

1 TL Zucker

FÜR DEN TEIG

1 TL Instanthefe

2 TL Zucker

210 g Weizenmehl Type 550

1 TL Backpulver

¼ TL Salz

2 EL neutrales Öl

250 ml Dashi

Rote Lebensmittelfarbe

Mit der Füllung beginnen. Hierzu gilt es zunächst, einige der Zutaten vorzubereiten. Rehydriert als erstes die Pilze, indem ihr sie für 10 Minuten in einer kleinen Schüssel mit warmem Wasser einweicht. In dieser Zeit den Kohl in eine mittelgroße Schüssel geben und mit dem Salz bestreuen. Den Kohl kräftig durchmischen.

Um den Teig zu machen, in einer großen Schüssel die Hefe, den Zucker, das Mehl, das Backpulver, das Salz und das Öl vermengen. Das Dashi dazugeben und durcharbeiten, bis sich eine Kugel zu formen beginnt. Falls sich das Ganze zu trocken anfühlt, etwas Wasser dazugießen und weiter durchkneten, bis der Teig kompakter wird.

Den Teig auf einer leicht bemehlten Oberfläche ausbringen und ca. 10 Minuten kneten, bis er schön glatt und elastisch ist. Zu einer Kugel formen und in eine leicht eingeölte Schüssel geben. Locker mit einem sauberen Geschirrtuch abdecken und an einem warmen Ort eine Stunde aufgehen lassen bzw. so lange, bis der Teig doppelt so groß ist wie zuvor.

Während der Teig aufgeht, weiter an der Füllung arbeiten. So viel überschüssiges Wasser aus dem Kohl entfernen wie möglich, indem ihr eine Handvoll Kohl nehmt und ihn vorsichtig zwischen euren Händen zusammendrückt, um die Flüssigkeit herauszupressen. Den ausgedrückten Kohl dann in eine große Schüssel geben. Genauso auch mit den Pilzen verfahren. Die Pilze anschließend fein hacken und zum Kohl geben. Nun sämtliche verbleibenden Zutaten für die Füllung hinzufügen. Alles sorgsam vermischen. Die Schüssel abdecken und bis zum Gebrauch in den Kühlschrank stellen.

Für den Dampfgarer aus Backpapier zwölf ca. 10 x 10 cm große Quadrate ausschneiden.

Den Teig auf einer leicht bemehlten Oberfläche ausbringen und in 13 gleichgroße Portionen aufteilen. Eine der Teigportionen beiseitelegen, um sie später zum Verzieren der Brötchen zu verwenden. Aus den restlichen Teigportionen Kugeln formen. Diese dann mit einem Nudelholz zu flachen runden Scheiben ausrollen; die Ränder der Teigkreise sollten dabei etwas dünner sein als die Mitte, um sie einfacher verschließen zu können. Jeweils ein Brötchen zurzeit verarbeiten und einen Löffel Füllung in die Mitte geben. Die Ränder an vier Seiten so nach oben biegen, dass sich die Teigstücke über der Füllung treffen. Die Enden verdrehen und nach unten drücken, um das Brötchen komplett zu verschließen. Jedes Brötchen mit der »Naht« nach unten auf eins der Backpapierquadrate legen und ruhen lassen.

Fortsetzung auf S. 22

Nun die Clan-Markierungen machen. Hierzu langsam, nach und nach, einige Tropfen Lebensmittelfarbe zu der verbliebenen Teigportion geben und so lange gleichmäßig einkneten, bis der Teig die gewünschte, leuchtend rote Farbe hat. Mit einem Nudelholz zu einem Rechteck ausrollen und mit einem Messer 24 längliche Dreiecke ausschneiden (jeweils ca. 2 cm lang).

Die Oberfläche jedes Brötchens mit einem Backpinsel mit etwas Wasser befeuchten und dann jeweils zwei rote Dreiecke so darauf arrangieren, dass die Basis oben ist und die Spitzen der Dreiecke nach unten zeigen (siehe Fotos). Die eingefärbten Dreiecke leicht andrücken, damit sie kleben bleiben. Die Brötchen dann nochmals 15 Minuten ruhen lassen.

Einen großen Topf Wasser zum Kochen bringen. Die Brötchen auf den Dämpfeinsätzen platzieren; dabei darauf achten, dass dazwischen etwas Platz frei bleibt, da sich die Brötchen beim Garen noch ausdehnen. (Die Brötchen je nach Größe eures Dämpfers ggf. in mehreren Schüben dämpfen.) Den gefüllten Bambusdämpfer auf den Topf mit dem kochenden Wasser stellen und bei starker Hitze 12 Minuten dämpfen.

Warm servieren.

TSUNADES HEIL-ZOSUI

Der Meisterheiler Tsunade, der gemeinhin als größter Mediziner der Welt gilt, weiß, dass der beste Weg zur Gesundung darin besteht, Körper und Seele zu nähren. Diese Zosui ist eine klassische Reissuppe und sowas wie die japanische Version von Hühnernudelsuppe. Wann immer euch das Wetter zu schaffen macht (und Tsunade gerade nicht da ist), ist dies das ideale Gericht, um eure müden Lebensgeister wieder auf Trab zu bringen!

SCHWIERIGKEIT: GENIN
VORBEREITUNGSZEIT: 15 MINUTEN
KOCHZEIT: 20 MINUTEN
ERGIBT: 4 PORTIONEN

4-6 gekochte Radieschen, in Scheiben, als Garnitur

850 ml Dashi

2 Hähnchenschenkel, ohne Haut und Knochen, gehackt

1 Karotte, in Scheiben geschnitten

3 Shiitakepilze, gehackt

280 g gekochter japanischer Reis

1 EL Sojasoße

1 großes Ei

3 Frühlingszwiebeln, gehackt

1 TL gerösteter Sesam

¼ TL Pfeffer

Die Radieschen in ca. 8 mm dicke Scheiben und dann in kleine Rauten schneiden.

120 ml Dashi bei hoher Hitze in einem kleinen Topf zum Kochen bringen. Die Radieschen dazugeben, dann den Herd ausschalten und das Ganze abkühlen lassen. Falls ihr die Radieschen im Voraus zubereitet, mitsamt der Brühe in einen verschließbaren Behälter füllen und bis zum Gebrauch im Kühlschrank lagern. Andernfalls die Radieschen jetzt in eine kleine Schüssel geben und die Brühe entsorgen.

Sobald ihr bereit seid, die Suppe zuzubereiten, das übrige Dashi in einen großen Topf geben und bei mittlerer Hitze zum Kochen bringen.

Das Huhn und die Karotte zum kochenden Dashi geben, den Deckel auflegen und die Hitze auf mittel reduzieren. 5 Minuten kochen lassen. Dann die Pilze, den Reis und die Sojasoße hinzufügen. Erneut abdecken und weitere 10 Minuten köcheln lassen.

In einer kleinen Schüssel das Ei verquirlen, dann das aufgeschlagene Ei langsam in den Topf träufeln. Die Frühlingszwiebeln, den Sesam und den Pfeffer darauf verteilen, abdecken und ein paar Minuten köcheln lassen bzw. so lange, bis die Eierflocken fest werden.

Zum Servieren auf einzelne Schüsseln verteilen und jeweils mit einem »Radieschen-Diamanten« garnieren.

NAHRUNGSMITTELERSATZ-JUTSU

Um eine vegetarische Version dieses Gerichts zuzubereiten, nehmt das vegetarische Dashi und lasst das Hühnchen weg. Alternativ könnt ihr Würfel aus festem Tofu dazugeben, um den intensiven Geschmack der Pilze auszugleichen.

CHŌJIS CHIPS

Chōji Akimichi scheint ständig zu naschen, doch das hat seinen Grund: Wenn zu euren charakteristischen Jutsus gehört, Kalorien in Chakra umzuwandeln, braucht mal nun mal viel entsprechendes Futter! Und was wäre da praktischer als kalorienreiche Chips, die man überall und jederzeit dabei hat? Japanische Lebensmittelhersteller haben viele ungewöhnliche Chips-Sorten wie z. B. Kabeljaurogen im Angebot (sollte man mal probiert haben). Der praktisch veranlagte Shinobi jedoch kann diese eher klassischen Chips-Geschmäcker problemlos zuhause herstellen.

SCHWIERIGKEIT: CHŪNIN

VORBEREITUNGSZEIT: 30 MINUTEN

KOCHZEIT: 20 MINUTEN

ERGIBT: 6 PORTIONEN

SONDERAUSSTATTUNG: GEWÜRZMÜHLE ODER KÜCHENMASCHINE, MANDOLINE, KÜCHENTHERMOMETER

FÜR DIE WÜRZE

SEETANG-JUTSU

1 EL Meersalz

1 Nori-Blatt

RAMEN-JUTSU

1 Päckchen Instant-Ramen-Gewürzpulver

SESAM-JUTSU

1 EL Salz

1 EL gerösteter Sesam

1 TL Knoblauchpulver

FÜR DIE CHIPS

500 g Kartoffeln (mehligkochend)

1 l Eiswasser

Pflanzenöl, zum Frittieren

NAHRUNGSMITTELERSATZ-JUTSU

Sobald ihr die oben genannten Varianten beherrscht, könnt ihr gern eure eigenen Chip-Jutsus ersinnen! Ihr könnt hierfür sogar gekaufte Furikake nehmen und sie nach eigenem Gusto aufpeppen!

Die Zutaten der gewünschten Gewürzmischung in eine Gewürzmühle oder Küchenmaschine geben und fein mahlen. (Falls ihr die Ramen-Würze verwendet, erübrigt sich das.)

Die Chips vorbereiten. Die Kartoffeln hierzu mit einer Mandoline in ca. 3 mm dünne Scheiben hobeln. In eine große Schüssel mit genügend Eiswasser geben, dass die Kartoffelscheiben vollständig davon bedeckt sind, und mindestens 30 Minuten einweichen. Die Kartoffeln anschließend in einem Sieb abtropfen lassen und gründlich mit Küchenpapier abtupfen.

In einem großen Topf zwei Fingerbreit Öl auf 190 °C erhitzen.

Mit einer Zange oder einem Schaumlöffel jeweils eine Handvoll Kartoffelscheiben zurzeit in das heiße Öl geben; dabei darauf achten, den Topf nicht zu sehr zu füllen, da die Öltemperatur beim Frittieren sonst zu stark sinkt. Die Kartoffelscheiben ca. 4 Minuten ringsum goldbraun frittieren; dabei häufig wenden, damit sie gleichmäßig durchgaren. Man merkt, dass die Scheiben fast fertig sind, wenn sie weniger blubbern.

Die Kartoffeln mit einem Schaumlöffel aus dem Öl nehmen und zum Abtropfen auf einen mit Küchenpapier ausgelegten Teller geben. Falls nötig, noch mehr Öl in den Topf füllen und warten, bis die Temperatur stimmt, bevor ihr die nächste Ladung frittiert.

Die fertigen Chips mit Küchenpapier abtupfen, um so viel Öl wie möglich zu entfernen. Dann sofort in eine große Schüssel geben, mit der gewünschten Würzung bestreuen und durcheinanderwerfen.

Die nächsten fertig frittierten Chips nach dem Abtupfen oben auf die erste Schicht Kartoffelscheiben geben und würzen. Alles überschüssige Gewürz, das auf die Chipsschicht darunter fällt, maximiert bloß den Geschmack!

Dieses Prozedere mit den übrigen Kartoffelscheiben wiederholen.

Obwohl man diese Chips am besten frisch genießt, können sie problemlos bis zu drei Tage in einem luftdicht verschließbaren Behältnis gelagert werden.

SHURIKEN-SENBEI

Reiscracker, auch als Senbei bekannt, sind in Japan beliebte Snacks und variieren von Region zu Region (genau wie die Lieblingswaffe der Ninja). Bei diesem Rezept wird das Aussehen der Cracker durch das Frittieren des Teigs bestimmt – die Optik lässt deshalb etwas zu wünschen übrig. Kein Shinobi würde diese Reiscracker-Shuriken mit echten Wurfsternen verwechseln. Aber das Frittieren steigert den Geschmack enorm!

SCHWIERIGKEIT: CHŪNIN
VORBEREITUNGSZEIT: 15 MINUTEN
KOCHZEIT: 20 MINUTEN
ERGIBT: 12 PORTIONEN
SONDERAUSSTATTUNG: KÜCHENMASCHINE, KÜCHENTHERMOMETER

75 g Mochiko-Reismehl

180 g japanischer Reis, gekocht

¼ TL Salz

¼ TL Backpulver

1 EL Sesamöl

60 ml Wasser

2 EL Sesamsaat

Pflanzenöl, zum Frittieren

Um den Teig zu machen, das Reismehl, den Reis, das Salz, das Backpulver und das Öl in eine Küchenmaschine geben und gut durcharbeiten. Das Wasser hinzufügen und weiter durcharbeiten, bis die Flüssigkeit vollständig absorbiert wurde. Der Teig sollte zwar immer noch relativ trocken sein, jedoch zusammenkleben, wenn man darauf drückt. Hierzu bei Bedarf noch mehr Wasser hinzufügen (jeweils 1 EL zurzeit), bis die richtige Konsistenz erreicht ist.

Den Teig in eine kleine Schüssel geben, die Sesamsaat hinzufügen und den Teig durchkneten, bis der Sesam gleichmäßig verteilt ist.

Den Teig auf einem Blatt Backpapier zu einer Dicke von ca. 6 mm ausrollen, dann mit einem großen, scharfen Messer Shuriken daraus ausschneiden. Ein vierzackiger Stern ist dabei nicht nur der Favorit jedes Shinobi, sondern hält auch besser als komplexere Formen. Wer Fleißpunkte sammeln will, stanzt mit einem großen Strohhalm ein Loch in der Mitte aus.

Um die Senbei zu frittieren, in einem kleinen, tiefen Topf zwei Fingerbreit Öl auf 190 °C erhitzen. Sobald das Öl heiß ist, mit einem Schaumlöffel vorsichtig mehrere Cracker zurzeit in das Öl geben; dabei darauf achten, dass es im Topf nicht zu voll wird! Ca. 3 bis 5 Minuten unter regelmäßigem Wenden frittieren, um eine gleichmäßige Bräunung zu gewährleisten. Sobald die Cracker goldbraun sind, mit einem Schaumlöffel aus dem Öl nehmen und zum Abtropfen auf einen mit Küchenpapier ausgelegten Teller geben.

NAHRUNGSMITTELERSATZ-JUTSU

Achtet ihr auf eure schlanke Linie? Diese Cracker kann man auch backen! Die Shuriken hierzu auf mit Backpapier ausgelegte Backbleche legen und die Oberseiten mit neutralem Öl besprühen. Bei 176 °C ca. 12 bis 15 Minuten backen; dabei sorgsam im Auge behalten und sofort herausnehmen, sobald der Teig goldbraun zu werden beginnt. Anfangs sind die Cracker noch weich, doch wenn sie abkühlen, werden sie fester. Der Geschmack bei dieser Zubereitungsweise ist zwar anders als bei der frittierten Variante, aber fast genauso lecker!

2. KAPITEL: REIS

Ihr denkt vielleicht, ihr wisst, wie Reis schmeckt. Aber genau wie die Kampfkraft des Meisters der Frösche spielt die Reiszubereitung in der japanischen Küche in ihrer ganz eigenen Liga. Von würzigen Currys bis hin zu frischem Sushi oder einfach nur mit einer Prise Salz bestreut, verleiht dieses vielseitige Kohlenhydrat den mächtigen Jutsus eines Ninja erst die nötige Energie!

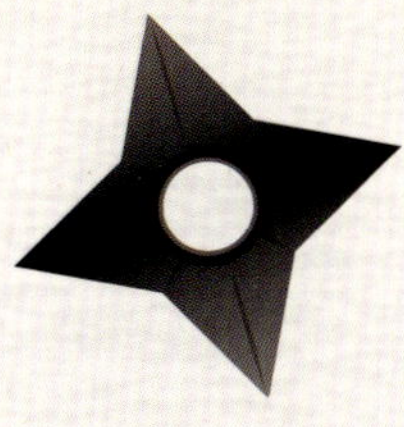

KONOHAGAKURE-AKADEMIE
MISSION #2: LASST UNS PERFEKTEN REIS KOCHEN!

Nachdem ihr bereits gelernt habt, Dashi herzustellen, seid ihr nun bereit für eure nächste Aufgabe. Reis ist das mit Abstand wichtigste Grundnahrungsmittel Japans und wird dort seit mehr als zweitausend Jahren angebaut. An einem gewissen Punkt in der japanischen Geschichte galt Reis sogar als Währung! Angesichts der Tatsache, dass das Wort für gekochten Reis, *Gohan*, mittlerweile als Synonym für den Begriff »Mahlzeit« gilt, ist klar, dass jeder Koch-Ninja die Zubereitung von Reis unbedingt beherrschen muss! Doch keine Sorge: Genau wie ein komplexes Jutsu, dass man Schritt für Schritt, Geste für Geste erlernt, sind auch die Grundlagen des Reiskochens ein Klacks, wenn ihr einige einfache Regeln beachtet!

Japanischer Reis besitzt einen höheren Stärkegehalt als langkörnige Reissorten wie z. B. Basmati. Deshalb solltet ihr die zusätzliche Stärke selbst dann vor dem Kochen auswaschen, wenn ihr einen Reiskocher euer Eigen nennt. Perfekt gemachter Reis hat pralle, feste Körner, die aneinander haften; überschüssige Stärke hingegen verwandelt das Ganze in große Breiklumpen.

Reis polieren und waschen:
Um euren Reis von überschüssiger Stärke zu befreien, gebt ihn in eine große Schüssel und fügt genügend Wasser hinzu, dass der Reis vollständig davon bedeckt ist. »Poliert« den Reis, indem ihr ihn behutsam zwischen euren Händen reibt; beachtet dabei die Trübung des abfließenden Wassers. Sobald das Wasser, das der Reis abgibt, nicht mehr trüb ist, gießt die Schüssel vorsichtig aus und spült den Reis unter fließendem Wasser ab. Rührt den Reis in der Schüssel durch, gießt das Wasser weg und spült den Reis erneut unter dem Wasserhahn ab. Wiederholt dies so lange, bis das Wasser schließlich klar bleibt. Gebt den Reis dann in ein feinmaschiges Sieb und lasst ihn gründlich abtropfen.

JAPANISCHER DÄMPFREIS

SCHWIERIGKEIT: GENIN
VORBEREITUNGSZEIT: 10 MINUTEN
KOCHZEIT: 25 MINUTEN
ERGIBT: 6 PORTIONEN
SONDERAUSSTATTUNG: FEINMASCHIGES SIEB

200 g mittelkörniger weißer Reis

600 ml Wasser

1 TL Salz

Den Reis polieren, um die überschüssige Stärke zu entfernen, dann in einem feinmaschigen Sieb gut abtropfen lassen.

Den Reis, das Wasser und das Salz in einen Topf mit schwerem Boden geben. Bei großer Hitze gerade so eben zum Kochen bringen, dann die Hitze sofort auf niedrig reduzieren und einen Deckel auflegen.

Den Reis ca. 15 Minuten dämpfen, bis sich auf der Oberfläche kleine, gleichmäßige Furchen bilden und das gesamte Wasser absorbiert wurde.

Die Hitze für eine Minute auf groß erhöhen, damit auch noch das letzte bisschen Flüssigkeit verdunstet, dann vom Herd nehmen. Den Deckel leicht anheben, schief auflegen und 10 Minuten ruhen lassen.

Den Deckel vollends abnehmen und den Reis vor dem Servieren vorsichtig mit einem Reis- oder Holzlöffel auflockern.

NAHRUNGSMITTELERSATZ-JUTSU: SUSHIREIS

400 g mittelkörniger weißer Reis
480 ml Wasser
1 TL Instant-Dashipulver
120 ml Sushi-Essig

Um Sushireis zuzubereiten, den Reis grundsätzlich genauso kochen wie einfachen gedämpften Reis. Sobald der Reis fertig gekocht ist, heiß in eine breite, flache Schüssel geben und den Reisessig hinzufügen. Den Essig dann behutsam einige Minuten mit einem Reis- oder Holzlöffel einarbeiten, bis der Reis schön glänzt und nicht mehr dampft. Generell sollte Sushireis bei Zimmertemperatur genossen werden, nicht gekühlt.

SASUKES LIEBLINGSONIGIRI

Egal, ob ihr ein Ninja auf einer Mission oder ein Büroangestellter in einer Mittagspause seid, dieser mühelos an jeden beliebigen Geschmack anpassbare Reissnack ist immer eine gute Wahl! Der stets pragmatische und auf seine Aufgaben fokussierte Sasuke bevorzugt vor allem zwei klassische Onigiri-Aromen: Okaka (also Bonitoflocken mit Sojasoße) und frisch zubereitete Tomaten. Andere beliebte Füllungen sind eingelegte Pflaumen, Mayo mit Dosen-Thunfisch und verschiedene Arten von Furikake.

SCHWIERIGKEIT: CHŪNIN
VORBEREITUNGSZEIT: 15 MINUTEN
ERGIBT: 8 PORTIONEN

25 g Bonitoflocken

2 TL Sojasoße

1 frische Tomate oder eine von Sasukes eingelegten Soja-Tomaten (S. 97)

2 Nori-Blätter

700 g frisch gekochter japanischer Kurzkornreis

2 EL Sesamsaat, geröstet

Mit der Zubereitung der Füllung beginnen, indem ihr die Bonitoflocken mit der Sojasoße vermischt.

Die Tomate vierteln; dabei so viel Fruchtfleisch wie möglich entfernen und in kleine Stücke hacken.

Die Nori-Blätter kurz rösten; haltet sie hierzu mit ein paar Zentimetern Abstand über eine offene Flamme wie z. B. ein Feuerzeug oder einen Gasherdbrenner auf niedriger Stufe, bis die Blätter dunkler werden. Dann in acht Quadrate schneiden.

Um die Onigiri zu formen, eine kleine Schüssel mit Salzwasser bereitstellen, um eure Hände abzuspülen. Mit angefeuchteten Fingern jeweils ca. 85-90 g Reis flachdrücken und eine Vertiefung in die Mitte machen, um entweder ein bisschen Okaka (Reiswürze) oder etwas von den gehackten Tomaten hineinzugeben.

Den Reis behutsam über der Füllung verschließen und mit den Händen fest zusammendrücken. Nach Belieben zu einer Kugel oder einem abgeflachten Dreieck formen, falls euch das lieber ist.

Schließlich etwas Sesamsaat auf jedes Onigiri streuen, auf ein Nori-Quadrat setzen und das Nori fest gegen den Reis drücken, damit das Algenblatt daran kleben bleibt. Dies mit dem übrigen Reis wiederholen; dabei bei Bedarf immer wieder eure Hände befeuchten.

Möglichst bei Zimmertemperatur servieren; dann ist die Textur am besten.

Fortsetzung auf S. 34

NAHRUNGSMITTELERSATZ-JUTSU: DEIDARAS BAKUDAN-ONIGIRI

Für Deidara sind Explosionen eine wahre Kunst. Glücklicherweise ist bei diesen bombenförmigen Reisbällchen – die große Ähnlichkeit mit Shinobi-Rauchbomben haben – das einzig Explosive eine Geschmacksexplosion. KATSU!

750 g frisch gekochter Reis
4 EL Onigiri-Füllung (Bonitoflocken, übrig gebliebene Dashi-Furikake, usw.)
4 Nori-Blätter, in Streifen geschnitten

Befolgt zunächst die Zubereitungsschritte von Sasukes Lieblingsonigiri (siehe S. 33). Nachdem ihr die Füllung hinzugefügt habt, glättet ihr die Oberfläche, indem ihr den Reis vorsichtig zwischen beiden Händen rollt und eine kleine Kugel daraus formt.

Nehmt nun ein Nori-Blatt und wickelt es vorsichtig um die Reiskugel; bei Bedarf einen Tropfen Wasser auf das Nori geben, um es geschmeidiger zu machen und dafür zu sorgen, dass es an der Oberfläche vom Reis haften bleibt. Die Reiskugel mit weiteren Noristreifen versehen, um den noch freiliegenden Reis vollständig damit zu bedecken. Drei bis vier Streifen sollten hier normalerweise genügen.

SANDDORF-SEKIHAN

Überlasst es dem Land des Windes, einen Weg zu finden, in der unversöhnlichen Wüste eine florierende Stadt zu errichten. Mit den dunklen, auf Reis verteilten Bohnen ähnelt dieses Gericht ein wenig der Landschaft des Sanddorfs. Diese Speise kann ausschließlich mit Mochiko-Reis (einer speziellen Reissorte) hergestellt werden, doch bei diesem Rezept geben wir zugunsten einer ausgewogeneren Textur auch noch normalen japanischen Reis dazu.

SCHWIERIGKEIT: GENIN
VORBEREITUNGSZEIT: 4 STUNDEN
KOCHZEIT: 90 MINUTEN
ERGIBT: 2 PORTIONEN
SONDERAUSSTATTUNG: KOCHSTÄBCHEN AUS METALL

70 g getrocknete Adzuki-Bohnen, über Nacht in Wasser eingeweicht

1 l Wasser

200 g Mochiko-Reis

200 g japanischer Reis

1 TL Salz

1 EL schwarze Sesamsaat

Die Bohnen und 500 ml Wasser in einen kleinen Topf geben. Bei starker Hitze zum Kochen bringen und ca. 5 Minuten kochen lassen. Die Bohnen abgießen und das Wasser entsorgen.

Die Bohnen in den Topf zurückgeben und das restliche Wasser hinzufügen. Locker abdecken und bei starker Hitze zum Kochen bringen. Die Hitze auf niedrig reduzieren und ca. 30 Minuten köcheln lassen, bis die Bohnen weich sind und brechen, wenn man sie zwischen den Fingern zusammendrückt.

Die Bohnen abtropfen lassen und die Kochflüssigkeit dabei in einem separaten Behälter auffangen.

Den Reis polieren wie zu Beginn dieses Kapitels beschrieben (siehe S. 30), dann zusammen mit den gekochten Bohnen, dem Salz und 500 ml der aufgefangenen Bohnenflüssigkeit in einen kleinen Topf geben. Mit einem festsitzenden Deckel abdecken, die Hitze erhöhen und das Ganze gerade so eben zum Kochen bringen.

Die Hitze dann sofort auf niedrig reduzieren und den Reis ca. 15 Minuten dämpfen, bis sich an der Oberfläche kleine, gleichmäßige Kerben bilden und das gesamte Wasser absorbiert wurde.

Die Hitze für eine weitere Minute auf hoch erhöhen, damit auch noch das letzte bisschen Wasser verdunstet, dann vom Herd nehmen. Den Deckel kurz anheben, schräg wieder auflegen und 10 Minuten ruhen lassen.

Zum Servieren den Reis vorsichtig mit einem Spatel oder Reislöffel auflockern. Dann so mit der Sesamsaat garnieren, dass das Ganze an das Emblem des Sanddorfs erinnert.

SCHATTENKLON-JUTSU: HINATAS NARUTO-ONIGIRI

Obwohl sich die Serie Naruto *hauptsächlich um Ninjas dreht, gibt es immer wieder Momente, in denen Essen im Mittelpunkt steht. Und durch das Meistern unserer geheimen Schattenklon-Jutsus könnt ihr einige dieser ikonischen Gerichte in die »reale Welt« übertragen!*

In jemanden verknallt zu sein, der davon nicht das Geringste ahnt, bringt die sanftmütige, zurückhaltende Hinata in eine knifflige Lage! So sehr sie es auch versucht, Naruto scheint ihre Zuneigung nicht zu bemerken. Da sie weiß, dass der sicherste Weg zum Herzen eines Shinobi durch seinen Magen führt (sowohl wortwörtlich im Kampf also auch - jenseits des Schlachtfelds - im übertragenen Sinne), bereitet sie für Naruto von ihm selbst inspirierte Onigiri zu, in der Hoffnung, dass er´s dann endlich kapiert.

SCHWIERIGKEIT: CHŪNIN
VORBEREITUNGSZEIT: 5 MINUTEN
KOCHZEIT: 20 MINUTEN
ERGIBT: 2 PORTIONEN

FÜR DAS TAMAGOYAKI (JAPANISCHES OMELETT)

2 große Eier

1 TL Zucker

½ TL Salz

Neutrales Öl

FÜR DIE ONIGIRI

1 TL Salz

1 Karotte

1 Rettich

1 Nori-Blatt

360 g frisch gekochter Reis

1 Rolle Narutomaki, in 6 mm dicke Scheiben geschnitten (diese Fischküchlein sind in vielen asiatischen Lebensmittelgeschäften erhältlich; oder ihr macht eure eigenen, wie auf S. 64 beschrieben)

1 TL Bonitoflocken

Um das Tamagoyaki zuzubereiten, in einer kleinen Schüssel die Eier, den Zucker und das Salz verquirlen.

Bei mittlerer Hitze eine kleine Pfanne auf den Herd stellen. Sobald die Pfanne heiß ist, mit Öl einsprühen oder darin verteilen. Dann die Ei-Mischung hineingeben. Mit einem eng aufliegenden Deckel abdecken und so lange garen, bis das Ei stockt (ca. 5 Minuten).

Die Eimasse aus der Pfanne nehmen und abkühlen lassen, dann in zehn kleine Dreiecke schneiden.

Um die Onigiri zuzubereiten, eine Schüssel mit warmem Wasser bereitstellen, das Salz hinzufügen und so lange rühren, bis es sich vollständig aufgelöst hat. Die Karotte mit einem Kartoffelschäler in dünne Streifen schneiden und in die Schüssel geben.

Den Rettich in dünne Scheiben schneiden und ebenfalls mit in die Schüssel geben. Ca. 10 Minuten ruhen lassen, damit das Gemüse weich wird, dann aus der Schüssel nehmen und das Gemüse vorsichtig zusammendrücken, um möglichst viel überschüssige Flüssigkeit zu entfernen.

Um die Onigiri zusammenzufügen, zuerst das Nori-Blatt vorbereiten. Schneidet hierzu an den »Punktmarkierungen« auf dem Nori-Blatt entlang und trennt zwei lange Streifen von jeweils ca. 3 cm Breite ab, die als Narutos Stirnband dienen. Den Rest des Nori-Blatts in schmale Streifen von ca. 3 mm Breite schneiden (für Narutos Augen und seine Schnurrhaare).

Den Reis in zwei Portionen aufteilen und zu abgerundeten Dreiecken von ca. 12 cm Breite formen.

Fortsetzung auf S. 38

Um alles zusammenzufügen, die Eierdreiecke so entlang der Oberseite der »Reisgesichter« arrangieren, dass sie an Narutos Haar erinnern. Die Eierdreiecke vorsichtig in den Reis drücken und den Reis bei Bedarf um die Basis der Eierstücke herum formen, damit das »Haar« an Ort und Stelle bleibt.

Je zwei Rettichscheiben an den Seiten anbringen (als Ohren) und ebenfalls behutsam in den Reis drücken.

Die breiten Noristreifen wie ein Stirnband jeweils entlang der oberen Spitze des Dreiecks platzieren und dort, wo das Nori auf das Ei trifft, so zurechtschneiden, dass das Stirnband sauber aufliegt. Eine Scheibe Narutomaki mittig auf das Stirnband legen.

Bei Bedarf mit einer Pinzette einige Bonitoflocken auf beiden Seiten platzieren (um den »Wangen« etwas Farbe zu verleihen). Dann die schmalen Noristreifen in Position bringen, um Narutos Augen und seine Schnurrhaare zu bilden. Schließlich mit einem Karottenstreifen den Mund formen.

INARIZUSHI »MADARAS AUGE«

Gewiss, Zwiebeln haben einen kräftigen Geschmack - aber vermutlich ist nicht mal der stark genug, um das Rinnegan zu erwecken. Nichtsdestotrotz könnten diese köstlichen Zwiebel-Leckereien, die an Madara Uchihas unverwechselbare Augen erinnern, euch den Titel »Gott der Schöpfung« einbringen - oder »Gott der Zerstörung«, je nachdem, wie scharf eure Gäste auf Zwiebeln sind. Übrigens: Einige rote Zwiebelsorten haben eine violette Färbung, die optisch besonders gut zu Madaras weiterentwickeltem Sharingan passt.

SCHWIERIGKEIT: GENIN

VORBEREITUNGSZEIT: 12 STUNDEN

KOCHZEIT: 20 MINUTEN

ERGIBT: 8 PORTIONEN

FÜR DIE EINGELEGTE ZWIEBEL

1 kleine rote Zwiebel, geviertelt und in dünne Scheiben geschnitten

120 ml Reisessig

120 ml Wasser

2 EL Zucker

½ EL Salz

FÜR DIE INARIZUSHI

8 quadratische Stücke Aburaage

3 EL Sojasoße

3 EL Zucker

250 ml Dashi

500 ml Wasser

600 g Sushireis

1 EL Sesamsaat

Die eingelegte Zwiebel solltet ihr am besten im Voraus zubereiten. Die Zwiebel hierzu in ein kleines Glas oder ein anderes Behältnis legen. Den Essig, das Wasser, den Zucker und das Salz bei starker Hitze in einem kleinen Topf zum Kochen bringen und so lange umrühren, bis sich der Zucker vollständig aufgelöst hat. Die Flüssigkeit über die Zwiebel gießen, abdecken und mindestens 12 Stunden im Kühlschrank ziehen lassen.

Um das Inarizushi zuzubereiten, bei starker Hitze einen kleinen Topf Wasser zum Kochen bringen. Während das Wasser warm wird, die Aburaage vorbereiten, indem ihr eine Seite jedes Quadrats aufschneidet, um in dem Tofu eine Tasche zu formen. Diese Tasche mit den Händen oder einem Messer vorsichtig öffnen.

Die zurechtgeschnittenen Aburaage-Taschen eine Minute in heißem Wasser köcheln lassen, dann gut abtropfen.

In einem kleinen Topf bei starker Hitze die Sojasoße, den Zucker, das Dashi und das Wasser zum Kochen bringen.

Sobald das Ganze kocht, die Hitze auf mittel reduzieren, die Aburaage hinzufügen und 10 bis 15 Minuten köcheln lassen. In einen luftdichten Behälter geben und bis zum Gebrauch in den Kühlschrank stellen.

Um alles zusammenzufügen, den Sushireis mit der Sesamsaat vermischen und in acht Portionen aufteilen.

Behutsam eine der Aburaage-Taschen zusammendrücken, um etwaige überschüssige Flüssigkeit zu entfernen, dann vorsichtig mit einer der Reisportionen füllen. Diesen Vorgang mit den anderen Aburaage-Taschen wiederholen.

Die eingelegten Zwiebelstreifen in Reihen so übereinander auf dem Reis arrangieren, dass die Wölbungen der Zwiebeln zur Mitte zeigen. Die Zwiebelstücke bei Bedarf so zurechtschneiden, dass sie der Breite der Aburaage-Taschen entsprechen. Die Ränder der Zwiebelstreifen seitlich in die Taschen stecken.

SCHATTENKLON-JUTSU: SANSHŌS CURRY DES LEBENS

Wenn ihr jemals echtes japanisches Curry probiert hat, könnt ihr Rock Lees Besessenheit für Sanshōs Curry des Lebens garantiert verstehen! Randvoll mit Nährstoffen, Geschmack und genau dem richtigen Maß an Schärfe, um ein Feuer in eurem Geist zu entfachen, ist dieses Tellergericht genau das Richtige, um Körper und Seele zu stärken! Jeder Shinobi macht aus dieser Speise seine ureigene Kreation, doch dies ist ein perfektes Grundrezept, um euch die ersten Schritte bei der Zubereitung dieser großartigen Speise zu erleichtern.

SCHWIERIGKEIT: GENIN
VORBEREITUNGSZEIT: 15 MINUTEN
KOCHZEIT: 3 STUNDEN
ERGIBT: 8 PORTIONEN

1 EL Pflanzenöl oder Olivenöl
500 g Rindergulasch, gewürfelt
5 EL Butter
4 große Zwiebeln, grob gehackt
2 Knoblauchzehen, gehackt
2 EL Garam Masala
1 kleiner Apfel, gerieben
850 g Pizzatomaten (aus der Dose)
170 g Tomatenmark
1,2 l Rinderbrühe
3 Karotten, grob gehackt
4 Kartoffeln, grob gehackt
2 EL Honig
1 EL Sojasoße
1 EL Worcestershiresoße
2 EL Currypulver
2 EL rotes Chilipulver
3 EL Weizenmehl Type 550
150 g TK-Erbsen
2 EL Parmesan, gerieben

In einem großen Topf bei mittlerer Hitze das Öl erwärmen. Sobald es heiß ist, das Rindfleisch hineingeben und ringsum anbraten; dabei immer erst rühren, wenn das Fleisch, das den Topfboden berührt, schön gebräunt ist. Das Fleisch anschließend in eine kleine Schüssel geben und beiseitestellen.

3 EL der Butter und die Zwiebeln in den Topf geben und die Hitze auf niedrig reduzieren. Mit einem fest aufliegenden Deckel abdecken und unter gelegentlichem Rühren ca. 45 Minuten schmoren lassen, bis die Zwiebeln schön braun sind. Die Hitze dann auf mittel reduzieren und den Knoblauch hinzufügen. Einige Minuten anschwitzen, bis der Knoblauch angenehm duftet.

Während der Knoblauch gart, das Garam Masala in eine kleine Pfanne geben und bei mittlerer Hitze einige Minuten rösten, bis die Gewürzmischung ein bisschen dunkler geworden ist. Dann mit in den großen Topf geben. Den Apfel, die Tomaten, das Tomatenmark, das angebratene Rindfleisch und die Rinderbrühe hinzufügen, abdecken und eine Stunde köcheln lassen.

Die Karotten, die Kartoffeln, den Honig, die Sojasoße und die Worcestershiresoße dazugeben und 30 Minuten bei niedriger Hitze köcheln lassen.

Für die Mehlschwitze das Currypulver und das rote Chilipulver bei mittlerer Hitze in einem kleinen Topf rösten, bis das Ganze schön duftet. Unverzüglich die restliche Butter hinzufügen, dann die Hitze auf niedrig reduzieren und das Mehl dazugeben. Beständig rühren, bis man die Mixtur leicht vom Boden des Topfes lösen kann. Die Brühe aus dem großen Topf nach und nach, Schöpfkelle für Schöpfkelle, zu der Mehlmischung geben und nach jedem Zugeben sorgsam durchrühren, bis die Flüssigkeit vollständig vom Mehl aufgesogen wurde; erst dann die nächste Kelle Brühe hinzufügen. Zunächst bekommt man so eine Paste, doch je mehr Brühe man dazugibt, desto dünnflüssiger wird sie. Sobald sich die Mehlmischung in eine dünne Soße verwandelt hat, das Ganze in den großen Topf gießen, abdecken und 30 Minuten auf niedriger Stufe köcheln lassen.

Ca. 15 Minuten vor dem Servieren die Erbsen und den Parmesan dazugeben und ohne Deckel weiter köcheln lassen, bis es Zeit wird zum Anrichten.

UZUMAKI-OMELETT

Einst war das Strudel-Reich die Heimat des Uzumaki-Clans, und obwohl sich die Angehörigen des Clans seitdem auf verschiedene Dörfer verstreut haben, nahmen sie ihre Strudel mit! Tatsächlich leitet sich die japanische Bezeichnung Uzumaki von den Wörtern Uzu *(Wirbel) und* Maki *(Rolle) ab, womit die Bedeutung dieses Namensvetters hinreichend erklärt wäre. Der rote Strudel auf den Konoha-Uniformen taucht als Motiv überall in der Welt von Naruto auf und ist auch in der japanischen Küche zu finden. Zu den spektakulärsten Beispielen hierfür gehören die wunderschönen »Strudel-Omeletts« der dortigen Meisterköche. Um diese Strudel zu perfektionieren, braucht es ein wenig Übung, aber das ist ja bei den meisten Ninja-Künsten so.*

SCHWIERIGKEIT: JŌNIN
VORBEREITUNGSZEIT: 15 MINUTEN
KOCHZEIT: 30 MINUTEN
ERGIBT: 2 PORTIONEN
SONDERAUSSTATTUNG: KOCHSTÄBCHEN AUS METALL

FÜR DAS OMELETT

4 große Eier

1 EL Crème double

½ TL Salz

1 EL neutrales Öl

2 Frühlingszwiebeln, fein gehackt (optional)

FÜR DEN REIS

1 EL Ketchup

1 EL Austernsoße

1 EL Sojasoße

1 EL Mirin

2 Scheiben Speck, in Streifen geschnitten

3 Knoblauchzehen, gehackt

1 Karotte, gewürfelt

½ kleine Zwiebel, gewürfelt

2 EL Butter

370 g gekochter japanischer Kurzkornreis

Das Omelett vorbereiten. Hierzu die Eier, die Crème double und das Salz in einer kleinen Schüssel zusammenrühren und mindestens 15 Minuten ruhen lassen, damit sich das Salz mit dem Ei verbindet. Dieser Schritt ist entscheidend für ein gutes, fluffiges Omelett!

Für den Reis zunächst den Ketchup, die Austernsoße, die Sojasoße und den Mirin vermischen.

Bei mittlerer Hitze eine große Pfanne auf dem Herd erwärmen. Die Speckstreifen hineingeben und anbraten, bis der Speck an den Rändern braun wird. Dann den Knoblauch, die Karotte und die Zwiebel hinzufügen und anschwitzen, bis das Gemüse weich ist. Nun die Butter dazugeben. Sobald die Butter geschmolzen ist, den Reis hinzufügen und mit einem Spatel auflockern.

Den Reis umfalten, bis er aufhört zu dampfen. Dann die vorbereitete Soße einrühren und köcheln lassen, bis der größte Teil der Feuchtigkeit vom Reis absorbiert wurde. Vom Herd nehmen.

Zum Servieren die Hälfte des Reises in eine kleine Schüssel füllen und einen umgedrehten Teller oben drauflegen. Die Schüssel dann vorsichtig wenden und den Reis so auf den Teller schichten, dass er die Form eines Hügels hat. Diesen Vorgang für die andere Portion mit dem restlichen Reis wiederholen.

Um das Omelett zuzubereiten, bei mittlerer Hitze eine antihaftbeschichtete Pfanne erwärmen. Sobald die Pfanne heiß ist, das Öl hineingeben und durch Schwenken gleichmäßig darin verteilen. Dann die Hälfte der Eimischung in die Pfanne geben.

Einige Minuten warten, bis das Ei größtenteils gestockt und die Basis fest geworden ist. Dann schnappt euch eure Essstäbchen! Zu diesem Zeitpunkt sollte mindestens die Hälfte der Eimischung durchgegart sein, da das Ei sonst reißt.

Steckt die Essstäbchen auf gegenüberliegenden Seiten in die Pfanne und zieht sie durch das Ei aufeinander zu. Sobald die Stäbchen noch ca. 5 cm voneinander entfernt sind, das Ei dazwischen umfalten. Falls eure Finger beweglich und eure Stäbchen lang genug sind, kriegt ihr das vielleicht sogar einhändig hin. Andernfalls nehmt ein Essstäbchen in jede Hand. Sollte das Ei bei diesem Schritt tatsächlich zu reißen beginnen, hört sofort auf und wartet, bis das Ei noch etwas mehr durchgegart ist!

Sobald sich die Essstäbchen in der Mitte treffen, dreht sie um! Haltet das Ei zwischen den Stäbchen fest, dann dreht die Stäbchen kreisförmig, um das Ei in der Mitte der, Pfanne zu einer Spirale zu formen. Auf diese Weise beginnt das verbliebene flüssige Ei, spiralförmig zu den Rändern der Pfanne zu verlaufen. Wartet noch einige Sekunden, bis die Eifäden gestockt sind. Dann wird es Zeit zum Servieren!

Das spiralförmige Ei mit einem Spatel vorsichtig aus der Pfanne oben auf den Reishügel schieben.

Dies mit der anderen Hälfte der Eimischung wiederholen. Nach Belieben mit einer Spirale aus Ketchup und gehackten Frühlingszwiebeln garnieren.

NAHRUNGSMITTELERSATZ-JUTSU

Falls ihr´s lieber vegetarisch mögt, lasst den Speck weg oder verwendet stattdessen fein gehackte Shiitakepilze!

3. KAPITEL: NUDELN

Ohne Ramen wäre Naruto nicht der, der er ist. Da er in jungen Jahren für sich selbst sorgen musste, erkannte er bald, dass schlichte, einfach zuzubereitende Instant-Ramen genau das Richtige waren, um nicht auf andere angewiesen zu sein, daher ist seine Liebe zu Ramen wohl nicht weiter verwunderlich. Doch jetzt stellt euch die Glückseligkeit vor, die Naruto empfunden haben muss, als er – nachdem er sich so lange von Instant-Nudeln ernährt hat – seine allererste Schüssel hausgemachte Ichiraku-Ramen genoss! Aber obwohl Ramen Narutos Leibspeise sind, sind sie bloß die Spitze des Eisbergs, wenn´s um japanische Nudeln geht. Von bissfesten Udon bis hin zu nussigen Soba sind diese nahrhaften Kohlenhydrate ein unabdingbares Grundnahrungsmittel, um das Feuer im Geist eines Ninjas am Lodern zu halten. Und vergesst beim Essen nicht, eure Nudeln zu schlürfen, wie es sich in Japan geziemt!

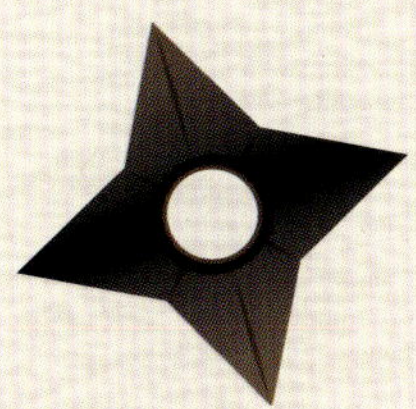

KONOHAGAKURE-AKADEMIE MISSION #3: STELLT EURE EIGENEN NUDELN HER!

Getrocknete Nudeln sind praktisch, aber nichts geht über eine heiße Schüssel mit frischen, selbstgemachten Ramen. Und wie Naruto, Chōji und Sakura bei dem Versuch erkennen, ein perfektes Ramen-Rezept zu kreieren, um damit Ayame freizukaufen, ist das große Geheimnis einer Schüssel sagenhaft guter Nudeln schlichtweg das, dass frisch geschnittene Pasta nun mal einfach besser schmeckt! Bei dieser Lektion lernt ihr die Herstellung frischer Nudeln von Teuchi persönlich, dem Inhaber von *Ichiraku Ramen*! (Jedenfalls haben Matsu und Nishi uns das so gesagt.)

Egal, ob Udon, Ramen oder Soba, die Technik zur Herstellung von handgeschnittenen Nudeln ist dieselbe. Allein die Kombination der einzelnen Zutaten macht den Unterschied aus. Wenn ihr vorhabt, häufiger Nudeln zu machen, ist eine Nudelmaschine eine großartige Erfindung, doch alternativ funktioniert das Nudelschneiden von Hand mit einem Messer genauso gut – es dauert bloß etwas länger. (Aber, bitte, verwendet hierfür kein Kunai-Messer – nicht, dass eure Gäste auf falsche Ideen kommen!)

TEUCHI UDON

SCHWIERIGKEIT: CHŪNIN
VORBEREITUNGSZEIT: 1 STUNDE ZZGL. 2 BIS 8 STUNDEN RUHEZEIT
KOCHZEIT: 30 MINUTEN
ERGIBT: 4 PORTIONEN

480 g Weizenmehl Type 550

1 EL Salz

300 ml Wasser zzgl. mehr bei Bedarf

1 Eigelb

Stärke, zum Bestäuben (Maisstärke, Kartoffelstärke, usw.)

Das Mehl und das Salz in eine große Schüssel geben und gut vermischen.

Die Mehlmischung in Form eines kleinen Hügels auf die Arbeitsfläche häufen und mit den Fingern eine kleine Vertiefung in die Mitte machen.

Das Wasser und das Eigelb in die Vertiefung geben und mit den Händen in die Mischung einarbeiten. Je nach verwendetem Mehl benötigt ihr womöglich noch etwas mehr Wasser; fügt gerade genug hinzu, damit der Teig zusammenhält, aber nicht zu klebrig ist.

Kräftig kneten, bis der Teig zwar glatt, aber so fest ist »wie euer Ohrläppchen« – das jedenfalls empfehlen die Japaner.

Den Teig zu einer Kugel formen, in Frischhaltefolie wickeln und mindestens 2 Stunden bei Zimmertemperatur oder 8 Stunden im Kühlschrank ruhen lassen.

Sobald ihr bereit seid, die Nudeln zu schneiden, den Teig aus der Folie wickeln und auf einer leicht bemehlten Arbeitsfläche zu einem Rechteck von ca. 3 mm Dicke ausrollen. Die Oberseite mit Stärke bestäuben, dann die kürzeren Seiten des Rechtecks so nach innen falten, als würdet ihr einen Brief falten, damit er in den Umschlag passt.

Dreht den gefalteten Teig so, dass die Längsseite zu euch zeigt. Haltet ein scharfes Messer oder ein Hackmesser senkrecht zur Längsseite und schneidet den Teig in ca. 3 mm breite Streifen.

Die geschnittenen Nudeln vorsichtig auflockern, sodass sie sich voneinander trennen, und mit etwas Stärke bestreuen, damit sie nicht zusammenkleben. In vier Portionen aufteilen – so lassen sich die Nudeln einfacher kochen.

Um die Nudeln zuzubereiten, einen großen Topf Wasser zum Kochen bringen; dabei darauf achten, dass die Nudeln im Topf genügend Platz haben und das Wasser frei zirkulieren kann.

Jeweils eine Portion Nudeln nach der anderen hineingeben und nach jedem Zugeben warten, bis das Wasser wieder richtig kocht, bevor ihr die nächsten Nudeln hinzufügt. Regelmäßig umrühren, um zu verhindern, dass die Nudeln am Topfboden kleben bleiben. Sobald alle Nudeln im Topf sind, noch weitere 2 bis 3 Minuten kochen.

Ein großes Sieb in die Küchenspüle stellen und den Topfinhalt vorsichtig hineingießen. Die Nudeln kurz mit fließend kaltem Wasser abspülen, um die Stärke zu entfernen, die an den Nudeln klebt.

Zeitnah servieren. Eignet sich für jedes Rezept, das gekochte Nudeln erfordert.

NAHRUNGSMITTELERSATZ-JUTSU: TEUCHI SOBA

SCHWIERIGKEIT: CHŪNIN
VORBEREITUNGSZEIT: 3 STUNDEN
KOCHZEIT: 30 MINUTEN
ERGIBT: 4 PORTIONEN

100 g Weizenmehl Type 550
500 g Buchweizenmehl
1 EL Salz
300 ml Wasser zzgl. mehr bei Bedarf
Stärke, zum Bestäuben (Maisstärke, Kartoffelstärke, usw.)

Buchweizennudeln stellt man genauso her wie Teuchi Udon. Auch der Kochvorgang ist derselbe. Ihr müsst bloß die oben genannten Zutaten durch diese ersetzen und die trockenen Zutaten miteinander vermischen, bevor ihr das Wasser hinzufügt.

NAHRUNGSMITTELERSATZ-JUTSU: TEUCHI RAMEN

SCHWIERIGKEIT: CHŪNIN
VORBEREITUNGSZEIT: 3 STUNDEN
KOCHZEIT: 30 MINUTEN
ERGIBT: 4 PORTIONEN

315 g Brotmehl
1 TL Salz
1 TL Backpulver
2 TL Seitan
250 ml Wasser zzgl. mehr bei Bedarf
Stärke, zum Bestäuben (Maisstärke, Kartoffelstärke, usw.)

Ramen-Nudeln stellt man genauso her wie Teuchi Udon. Auch der Kochvorgang ist derselbe. Ihr müsst bloß die oben genannten Zutaten durch diese ersetzen und die trockenen Zutaten miteinander vermischen, bevor ihr das Wasser hinzufügt.

SHUKAKUS EINSCHWÄNZIGES TANUKI-SOBA

Obwohl das tanukiartige Biest von Sanagakure, dem »Dorf versteckt im Sand«, bloß einen Schwanz besitzt, sollte man dieses Ungetüm keinesfalls unterschätzen! Der Marderhund ist aggressiv und angriffslustig, und sogar Gaara hatte seine Probleme mit ihm. Doch vielleicht braucht Shukaku ja bloß eine gute Schüssel Nudeln! Bei diesem Rezept, das an seine unverwechselbare, erdige Färbung erinnert, verwenden wir bunte Tempurabrösel namens Tenkasu, um diesem klassischen Nudelgericht einen neuen Twist zu verleihen.

SCHWIERIGKEIT: GENIN
VORBEREITUNGSZEIT: 20 MINUTEN
KOCHZEIT: 20 MINUTEN
ERGIBT: 4 PORTIONEN
SONDERAUSSTATTUNG: KÜCHENTHERMOMETER

FÜR DIE TENKASU

3 EL Weizenmehl Type 550

3 EL Wasser

Schwarze Lebensmittelfarbe

Pflanzenöl, zum Frittieren

FÜR DIE NUDELN

1 l Dashi

4 EL Sojasoße

3 EL Mirin

1 EL Zucker

2 Portionen gekochte Soba-Nudeln

2 Frühlingszwiebeln, fein gehackt

Shichimi Togarashi, als Garnitur

Um die Tenkasu herzustellen, das Mehl und das Wasser vermischen und gleichmäßig auf zwei Schüsseln verteilen. In eine der Schüsseln die Lebensmittelfarbe geben und einarbeiten, damit der Teig schwarz wird.

Mehrere Fingerbreit Öl in einen kleinen Topf geben und bei mittlerer Hitze auf 176 °C erwärmen. Den Teig dann von den Zinken einer Gabel in das heiße Öl tropfen lassen, wodurch kleine Teigtröpfchen entstehen. Sobald die Tröpfchen von allein an die Oberfläche steigen und anfangen, braun zu werden, aus dem Öl nehmen und zum Abtropfen auf einen mit Küchenpapier ausgelegten Teller geben. Dies wiederholen, bis der gesamte Teig aufgebraucht ist.

Um die Nudeln zuzubereiten, das Dashi in einem großen Topf bei mittlerer Hitze zum Kochen bringen. Die Sojasoße, den Mirin und den Zucker hinzufügen und so lange unter stetem Rühren köcheln lassen, bis sich der Zucker vollständig aufgelöst hat.

Die Nudeln auf Schüsseln verteilen und mit der Brühe aufgießen. Mit dem Tenkasu und den Frühlingszwiebeln garnieren und mit Shichimi Togarashi bestreuen. Sofort servieren.

KURAMAS NEUNSCHWÄNZIGE KITSUNE-UDON

In Japan munkelt man, Aburaage sei das Lieblingsessen des Fuchses (Kitsune auf Japanisch). Egal, ob neunschwänzige Bestie oder nicht, im Herzen ist Kurama immer noch ein Kitsune! Hätte Naruto Kurama bei ihrer ersten Begegnung eine köstliche Portion Aburaage angeboten, wäre ihr Kennenlernen vielleicht um einiges entspannter verlaufen. Dieses Gericht nimmt die Aburaage-Streifen als Basis für ein köstliches Festmahl!

SCHWIERIGKEIT: GENIN
VORBEREITUNGSZEIT: 10 MINUTEN
KOCHZEIT: 10 MINUTEN
ERGIBT: 4 PORTIONEN

FÜR DIE GEWÜRZTE ABURAAGE

1 EL Sojasoße

2 EL Mirin

1 EL Zucker

120 ml Dashi

2 rechteckige Stücke Aburaage

FÜR DIE NUDELN UND DIE BRÜHE

1 l Dashi

4 EL Sojasoße

3 EL Mirin

1 EL Zucker

2 Portionen gekochte Udon-Nudeln

2 Frühlingszwiebeln, fein gehackt

Um die gewürzte Aburaage zuzubereiten, die Sojasoße, den Mirin, den Zucker und das Dashi in einem kleinen Topf vermischen und bei mittlerer Hitze zum Kochen bringen. Die Aburaage hinzufügen und so lange köcheln lassen, bis die ganze Flüssigkeit absorbiert wurde. Abkühlen lassen und beiseitestellen, dann jedes Aburaage-Rechteck in neun gleich lange Streifen schneiden.

Für die Brühe das Dashi bei mittlerer Hitze in einem großen Topf zum Kochen bringen. Die Sojasoße, den Mirin und den Zucker hinzufügen und unter stetem Rühren so lange köcheln lassen, bis sich der Zucker vollständig aufgelöst hat.

Die fertig gekochten Nudeln in Servierschüsseln geben und die Brühe auf die Schüsseln verteilen. Jede Schüssel mit neun Aburaage-Streifen garnieren, die von der Mitte her aufgefächert sind wie Kuramas Schwänze. Mit den Frühlingszwiebeln bestreuen und servieren.

NEJIS HERINGSSOBA

Als Mitglied des Hyūga-Zweigs hat Neji eine vielschichtige Beziehung zur Hauptfamilie. Obwohl er die meiste Zeit mit seiner Rolle hadert, akzeptiert er sie letzten Endes doch, nimmt die Traditionen seiner Familie an und leistet ihr gute Dienste. Diese traditionelle Suppe ist ein echter Winterklassiker und erfreut sich nicht bloß in Kyoto, sondern vermutlich auch in Konohagakure großer Beliebtheit. Vielleicht ist dies Nejis Leibspeise, weil dieses Soba ihm Trost spendet, ohne dass er eingestehen muss, dass er überhaupt Trost braucht. *Und obwohl sich frischer Hering für dieses Rezept am besten eignet, tun´s geräucherter Hering oder Dosenhering zur Not auch.*

SCHWIERIGKEIT: GENIN
VORBEREITUNGSZEIT: 10 MINUTEN
KOCHZEIT: 20 MINUTEN
ERGIBT: 4 PORTIONEN

FÜR DEN HERING

8 Shiitakepilze

250 ml Dashi

80 ml Sake

3 EL Zucker

80 ml Mirin

80 ml Sojasoße

4 Heringsfilets

FÜR DIE SOBA-NUDELN

500 g Soba-Nudeln

120 ml Sojasoße

120 ml Mirin

500 ml Dashi

2 Frühlingszwiebeln, gehackt, als Garnitur

Den Hering zubereiten, indem ihr die Pilze, das Dashi, den Sake, den Zucker, den Mirin und die Sojasoße in einen großen, flachen Topf gebt und bei mittlerer Hitze zum Kochen bringt. Dann die Fischfilets hinzufügen und die Hitze auf niedrig reduzieren. Abdecken und 20 Minuten garen; dabei die Filets unbedingt in Ruhe lassen, da sie sonst ihre Form verlieren!

Während die Heringsfilets garen, die Soba-Nudeln zubereiten. Hierzu einen großen Topf mit Wasser zum Kochen bringen. Die Nudeln hineingeben und 4 Minuten kochen, dann sofort durch ein Sieb abgießen und unter fließend kaltem Wasser abschrecken.

Die Sojasoße, den Mirin und das Dashi für die Brühe kräftig aufkochen. Dann seid ihr bereit zum Servieren! Die Nudeln dazu gleichmäßig auf Schüsseln verteilen, jeweils mit der Brühe aufgießen und mit Hering, Pilzen und Frühlingszwiebeln garnieren.

MIGHTY GUYS SUPERWÜRZIGE CURRY-UDON DER ÜBERSPRUDELNDEN JUGEND

Ein Meister des Taijutsu und ein steter Quell an harter Arbeit und Optimismus ... Was ist Guys Geheimnis? Woher nimmt er all diese Energie? Vielleicht ist die Antwort auf diese Fragen seine Liebe zu würzigem Curry (die zweifellos auch auf Rock Lee abgefärbt hat).

SCHWIERIGKEIT: GENIN
VORBEREITUNGSZEIT: 10 MINUTEN
KOCHZEIT: 20 MINUTEN
ERGIBT: 4 PORTIONEN

4 Portionen frisch gekochte Udon-Nudeln

2 EL neutrales Öl

1 kleine Zwiebel, der Länge nach in dünne Scheiben geschnitten

2 EL Currypulver

1 l Dashi

120 ml Mirin

120 ml Sojasoße

1 EL Zucker

1 TL Yuzukoshō oder mehr, nach Belieben

1 TL Kartoffelstärke

500 g Rindfleisch, dünn geschnitten

3 Knoblauchzehen, gehackt

2 Frühlingszwiebeln, dünn geschnitten

Shichimi Togarashi

Die Udon-Nudeln entweder nach Packungsanleitung kochen oder gemäß dem Rezept auf S. 48, falls ihr eure eigenen Nudeln gemacht habt. Auf Servierschalen verteilen und beiseitestellen.

Das Öl bei mittlerer Hitze in einer großen Pfanne erwärmen. Sobald das Öl heiß ist, die Zwiebel dazugeben und anschwitzen, bis sie weich ist (ca. 10 Minuten).

In der Zwischenzeit das Currypulver bei mittlerer Hitze in einem kleinen Topf rösten, bis es angenehm duftet. Die Hitze auf niedrig reduzieren und dann langsam das Dashi dazugießen. Anschließend den Mirin, die Sojasoße, den Zucker und das Yuzukoshō hinzufügen.

In einer kleinen Schüssel die Kartoffelstärke mit 1 EL Wasser vermischen und gut durchrühren, bis keinerlei Klümpchen mehr zu sehen sind. Dann mit in den Topf geben und köcheln lassen, bis die Currysoße dickflüssiger wird. Vom Herd nehmen und beiseitestellen.

Sobald die Zwiebel gar ist, das Rindfleisch und den Knoblauch hinzufügen und noch ca. 5 Minuten länger köcheln lassen.

Die Currysoße mit in die Pfanne geben und umrühren, um alles miteinander zu vermischen. Die Udon-Nudeln auf vier Schüsseln verteilen und gleichmäßig mit der Currysoße krönen. Zum Servieren mit den Frühlingszwiebeln garnieren und nach Belieben mit Shichimi Togarashi würzen.

NAHRUNGSMITTELERSATZ-JUTSU

Darf´s ein bisschen schärfer sein? Dann gebt einfach noch mehr von der Yuzukoshō-Gewürzmischung dazu. Aber übertreibt´s nicht, schließlich wollt ihr nicht all eure acht inneren Tore öffnen, oder?

NARUTOS INSTANT-RAMEN-HACKS

Naruto wuchs ohne Eltern auf, weshalb er schon früh im Leben lernen musste, wie man für sich selbst kocht. Bloß gut, dass es Instant-Ramen gibt! Aber nur, weil Instant-Ramen schnell und einfach zubereitet sind, müssen sie nicht langweilig sein! Falls ihr gerade keine Zeit habt, um bei Ichiraku-Ramen *eine Schüssel zu genießen, probiert doch mal diese kinderleichten Hacks aus, um aus euren Instant-Ramen eine echte Gourmet-Mahlzeit zu zaubern! Jeder, der schon mal Instant-Ramen gegessen hat, weil, dass die Nudeln matschig werden, wenn man sie nicht zeitnah isst. Bereitet darum zuerst die Garnituren vor und kocht die Nudeln erst ganz zum Schluss, um das Maximum aus diesem Gericht herauszuholen!*

RAMEN-TRANSFORMATIONS-JUTSU #1: MISO-SCHWEINEHACK-STRUDEL

SCHWIERIGKEIT: GENIN
VORBEREITUNGSZEIT: 5 MINUTEN
KOCHZEIT: 5 MINUTEN
ERGIBT: 1 PORTION

- 1 EL Sesamöl
- 250 g Schweinehack
- 1 Knoblauchzehe, gehackt
- 30 g TK-Mais
- 1 EL Miso
- 1 Packung Instant-Ramen (beliebige Sorte)
- Frühlingszwiebel, in Ringe geschnitten, als Garnitur

In einer großen Pfanne bei mittlerer Hitze das Öl erwärmen. Sobald das Öl heiß ist, das Schweinefleisch dazugeben und ringsum anbraten; dabei mit einem Kochlöffel zerbröseln.

Den Knoblauch hinzufügen und anschwitzen. Dann den Mais dazugeben und weiter köcheln lassen, bis der Mais durchgegart ist.

Das Miso mit in die Pfanne geben und rühren, bis es vollständig eingearbeitet ist. Dann vom Herd nehmen und beiseitestellen.

Die Ramen gemäß Packungsanleitung zubereiten (inklusive der Brühe und der Gewürzpäckchen). Nach dem Garen in eine Schüssel geben und die vorbereiteten Garnituren darauf verteilen. Zum Servieren mit den Frühlingszwiebeln bestreuen.

RAMEN-TRANSFORMATIONS-JUTSU #2: DIE KUNST DES PRACHTVOLLEN HÜHNCHENS

SCHWIERIGKEIT: GENIN
VORBEREITUNGSZEIT: 5 MINUTEN
KOCHZEIT: 5 MINUTEN
ERGIBT: 1 PORTION

1 EL Sesamöl

250 g Hühnerbrust, in mundgerechte Stücke geschnitten

1 Knoblauchzehe, gehackt

2 Blätter Napa-Kohl, zerkleinert

1 Karotte, fein gestiftelt

1 Stückchen frischer Ingwer (ca. 6 mm lang), gerieben

1 EL Sojasoße

1 Packung Instant-Ramen (beliebige Sorte)

1 Nori-Blatt, in dünne Streifen geschnitten

In einer großen Pfanne bei mittlerer Hitze das Öl erwärmen. Sobald das Öl heiß ist, das Hühnerfleisch hineingeben und ringsum scharf anbraten.

Den Knoblauch hinzufügen und anschwitzen, bis er angenehm duftet. Dann den Kohl und die Karotte dazugeben und weitergaren, bis das Gemüse weich ist.

Den Ingwer und die Sojasoße mit in die Pfanne geben und alles gut vermischen. Dann vom Herd nehmen und beiseitestellen.

Die Ramen gemäß Packungsanleitung zubereiten (inklusive der Brühe und der Gewürzpäckchen). Nach dem Garen in eine Schüssel geben und die vorbereiteten Garnituren darauf verteilen. Mit den Noristreifen garniert servieren.

RAMEN-TRANSFORMATIONS-JUTSU #3: ENDLOSER KÄSEKARTOFFEL-GENUSS

SCHWIERIGKEIT: GENIN
VORBEREITUNGSZEIT: 5 MINUTEN
KOCHZEIT: 5 MINUTEN
ERGIBT: 1 PORTION

1 EL Olivenöl

1 Streifen Speck, gehackt

1 Knoblauchzehe, gehackt

70 g zerkleinerte TK-Kartoffeln

1 Scheibe Schweizer Käse

1 Packung Instant-Ramen (beliebige Sorte)

Petersilie, als Garnitur

In einer großen Pfanne bei mittlerer Hitze das Öl erwärmen. Sobald das Öl heiß ist, den Speck hineingeben und ringsum kross anbraten.

Den Knoblauch und die Kartoffeln dazugeben und weich kochen.

Alle Zutaten in der Mitte der Pfanne zusammenschieben, den Herd ausschalten und die Käsescheiben oben auf die übrigen Zutaten legen. Leicht schmelzen lassen.

Die Ramen gemäß Packungsanleitung zubereiten (inklusive der Brühe und der Gewürzpäckchen). Nach dem Garen in eine Servierschüssel geben und mit einem Spatel die vorbereiteten Garnituren darauf verteilen. Mit Petersilie garniert servieren.

SCHATTENKLON-JUTSU: ICHIRAKU-RAMEN

Narutos Lieblingsessen beschränkt sich nicht allein auf das Dorf versteckt hinter den Blättern. Dieses klassische Ramen-Rezept bringt die Aromen und Geschmäcker von Ichiraku aus dem Land des Feuers geradewegs in eure Küche!

SCHWIERIGKEIT: CHŪNIN

VORBEREITUNGSZEIT: 15 MINUTEN ZZGL. 12 STUNDEN ZUM MARINIEREN

KOCHZEIT: 3 STUNDEN

ERGIBT: 4 PORTIONEN

SONDERAUSSTATTUNG: FEINMASCHIGES SIEB

FÜR DIE EIER (MINDESTENS 12 STUNDEN IM VORAUS ZUBEREITEN)

240 ml Sojasoße

120 ml Sake

60 ml Mirin

2 Knoblauchzehen, gehackt

1 Frühlingszwiebel, gehackt

1 Stückchen frischer Ingwer (ca. 1,5 cm lang), gerieben

4 große Eier

FÜR DIE BRÜHE

500 g Hühnerknochen

3 l Wasser

1 Stückchen frischer Ingwer (ca. 3 cm lang)

3 Knoblauchzehen

1 Zwiebel, grob gehackt

1 Karotte, grob gehackt

240 ml Sojasoße

60 ml Sake

60 ml Mirin

500 g Schweineschulter, ohne Knochen

FÜR DEN GEROLLTEN SCHWEINEBAUCH (CHASHU)

250 ml Wasser

240 ml Sojasoße

120 ml Sake

60 ml Mirin

1 Stückchen frischer Ingwer (ca. 1,5 cm lang), gerieben

2 Knoblauchzehen, gehackt

ZUM ANRICHTEN

4 Portionen frisch gekochte Ramen-Nudeln

120 g Bambussprossen

4 Nori-Blätter, in Quadrate geschnitten

120 g Narutomaki (gepökeltes Fisch-Surimi), in Scheiben geschnitten

4 Frühlingszwiebeln, dünn geschnitten

KOCH-NINJA-HINWEIS: Die für dieses Rezept benötigten Hühnerknochen zu besorgen ist halb so wild. Wenn ihr Hühnchenteile mit Knochen kauft, um damit andere Rezepte in diesem Buch zuzubereiten, entbeint das Geflügel und bewahrt die Knochen einfach im Gefrierfach auf. Das verschafft euch dann zugleich auch einen Vorwand, um jede Menge Ramen zu kochen!

Fortsetzung auf S. 60

Die Eier im Voraus zubereiten. Hierzu die Sojasoße, den Sake, den Mirin, den Knoblauch, die Frühlingszwiebeln und den Ingwer in einem kleinen Topf vermischen. Bei starker Hitze zum Kochen bringen, dann sofort vom Herd nehmen und abkühlen lassen.

Während die Soße abkühlt, einen kleinen Topf mit Wasser füllen und zum Kochen bringen. Sobald das Wasser kocht, die Hitze auf niedrig reduzieren und die Eier im Ganzen hineingeben. Den Deckel aufsetzen und 5 bis 7 Minuten kochen lassen. (Falls das Eigelb noch sehr flüssig sein soll, genügen 5 Minuten!)

Sobald die Eier gekocht sind, sofort abgießen und unter fließend kaltem Wasser abschrecken. Die Eier dann schälen und in einen kleinen, verschließbaren Behälter legen. Die vorbereitete Marinade darübergießen, gut verschließen und für mindestens 12 Stunden im Kühlschrank marinieren.

Um die Ramen-Suppe zuzubereiten, als erstes die Brühe ansetzen. Hierzu die Hühnerknochen unter fließend kaltem Wasser abspülen und dann zusammen mit dem Wasser in einen großen Topf geben.

Alle übrigen Zutaten für die Brühe so mit in den Topf geben, dass die Schweineschulter ganz oben liegt. Bei starker Hitze zum Kochen bringen.

Sobald das Ganze kocht, allen Schaum abschöpfen, der sich an der Oberfläche bildet, und die Hitze auf niedrig reduzieren. Ohne Deckel ca. 2 Stunden köcheln lassen, bis die Flüssigkeit zur Hälfte einreduziert ist. Die Schulter herausnehmen und in einen großen, flachen Topf geben. Die Brühe durch ein feinmaschiges Sieb gießen, in einen Topf oder eine Schüssel füllen und die restlichen Zutaten entsorgen.

Die Chashu-Zutaten in den Topf mit dem Schweinefleisch geben und bei starker Hitze zum Kochen bringen. Dann die Hitze auf niedrig reduzieren und ca. 30 Minuten köcheln lassen bzw. so lange, bis die Soße zur Hälfte einreduziert ist. Das Schweinefleisch aus dem Topf auf ein Schneidebrett geben, aber vor dem Aufschneiden einige Minuten ruhen lassen!

Um die Ramen anzurichten, auf der Arbeitsfläche vier große Schüsseln bereitstellen und bei starker Hitze einen großen Topf mit Wasser zum Kochen bringen. Die Ramen-Nudeln hineingeben und ca. 3 Minuten al dente (also bissfest) kochen. Derweil die Brühe in die Schüsseln füllen. Sobald die Nudeln gar sind, durch ein Sieb abgießen, abtropfen lassen und gleichmäßig auf die Schüsseln verteilen.

Das Schweinefleisch, die Eier, die Bambussprossen, die Noristücke und die Narutomaki oben auf den Nudeln arrangieren, mit Frühlingszwiebeln garnieren und heiß servieren!

4. KAPITEL: FISCH UND MEERESFRÜCHTE

Obwohl sie im Land des Feuers weilen, ist die Liebe zu Fisch im Herzen vieler Konoha-Shinobi tief verwurzelt, nicht zuletzt dank des Flusses Naka, der durch das »Dorf, versteckt hinter den Blättern« fließt, und der Meeresfrüchte, die auf dem Mohawk-Fischmarkt angeboten werden. Diese Rezepte bieten eine Vielzahl von Möglichkeiten, um jedermanns Fischgeschmack zu befriedigen!

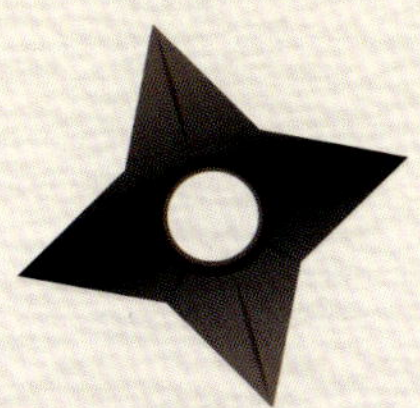

KONOHAGAKURE-AKADEMIE MISSION #4: LASST UNS FISCHKÜCHLEIN MACHEN!

Angesichts des Umstands, dass Japan ein Inselstaat ist, überrascht es nicht, dass es dort eine Vielzahl von Methoden gibt, um Fisch zu garen. Auch Naruto und seine Gefährten sind dank ihrer häufigen Ozean-Reisen bestens mit Fisch- und Meeresfrüchtegerichten vertraut, was bedeutet, dass erfahrene Köche unbedingt einige dieser Rezepte in ihrem Repertoire haben sollten – jedenfalls, wenn sie nicht als Treibgut enden wollen!

Fischküchlein sind ein großartiger Ausgangspunkt, um die japanische Fischküche zu erkunden. Zwar kann man sie auch einfach fertig kaufen, doch es lohnt sich, sie selbst herzustellen. Das erste Rezept in diesem Kapitel ist Narutos Namensvetter, eine beliebte Ramen-Garnitur namens Narutomaki. Im Gegensatz zu den unzähligen unterschiedlichen Arten gedämpfter Fischküchlein, die es da draußen gibt (allgemein unter der Bezeichnung »Kamaboko« bekannt), sind Narutomaki – benannt nach den weltberühmten Naruto-Gezeitenstrudeln in Westjapan – eine ganz besondere Sorte mit einem rosa Wirbel in der Mitte.

GEDÄMPFTE FISCHKÜCHLEIN: NARUTOMAKI

SCHWIERIGKEIT: CHŪNIN
VORBEREITUNGSZEIT: 15 MINUTEN
KOCHZEIT: 15 MINUTEN
ERGIBT: 8 PORTIONEN
SONDERAUSSTATTUNG: KÜCHENMASCHINE, SUSHI-ROLLMATTE, BAMBUS-DAMPFGARER

250 g Weißfischfilets (z. B. Seelachs oder Kabeljau)

1 Eiweiß

½ TL Salz

1 TL Zucker

1 TL Mirin

Rote oder rosa Lebensmittelfarbe

Falls vorhanden, die Haut von den Fischfilets entfernen. Die Filets in ein Sieb legen und unter kaltem, fließendem Wasser gründlich waschen. Mit Küchenpapier trockentupfen; dabei ruhig fest draufdrücken, um das überschüssige Wasser zu entfernen.

Den Fisch grob hacken und zusammen mit dem Eiweiß, dem Salz, dem Zucker und dem Mirin in eine Küchenmaschine geben. Zu einer feinen Paste verarbeiten.

Ein Drittel der Fischpaste in eine kleine Schüssel geben und nach und nach die Lebensmittelfarbe untermischen, bis die gewünschte leuchtend rosa Farbe erreicht ist.

Ein Stück Frischhaltefolie über die Sushi-Matte breiten, dann mit einem Spatel die weiße Paste auf der Folie zu einem breiten Rechteck verstreichen, das ungefähr so hoch wie die Matte und etwa halb so breit ist (also ca. 23 x 13 cm). Die rosa Paste darauf verteilen; dabei an den beiden langen Seiten einen ca. 1,5 cm breiten Rand freilassen.

Die Paste – an den längeren Seiten beginnend – behutsam wie eine Biskuitrolle zusammenrollen; die Folie dabei beim Rollen Stück für Stück wegziehen, um die Frischhaltefolie nicht mit einzurollen.

Sobald die Paste aufgerollt ist, die »Naht« glätten und die Rolle fest in die »befreite« Frischhaltefolie wickeln. Sollten die Enden nicht vollständig verschlossen sein, die Rolle mit einem zweiten Stück Folie umwickeln, um zu verhindern, dass sie beim Dämpfen auseinanderfällt. Schließlich in die Sushi-Matte einrollen und mit Küchengarn oder Gummibändern sichern.

Einen Bambusdämpfer (ca. 30 cm Ø) über einem großen, mit Wasser gefüllten Topf platzieren. Bei mittlerer Hitze zum Kochen bringen, dann die Rolle in den Dämpfer legen und 15 Minuten dämpfen.

Die Rolle aus dem Dämpfer nehmen und einige Minuten abkühlen lassen, dann aus der Folie wickeln und in ca. 6 mm breite Scheiben schneiden. Sollten die Abdrücke der Sushi-Matte an den Rändern der Scheiben nicht kräftig genug sein, um die gewünschten blumenartigen Verzierungen zu erzeugen, auf Wunsch mit einem Messer deutlicher sichtbare Vertiefungen in die Ränder schneiden. Als Garnitur zu Ramen oder anderen Nudelgerichten servieren.

FRITTIERTE FISCHKÜCHLEIN: SATSUMA-AGE

Diese herrlich elastischen Küchlein bestechen durch ihren subtilen Geschmack, was sie zur perfekten Ergänzung kräftig gewürzter Soßen macht.

SCHWIERIGKEIT: GENIN
VORBEREITUNGSZEIT: 15 MINUTEN
KOCHZEIT: 15 MINUTEN
ERGIBT: 12 PORTIONEN
SONDERAUSSTATTUNG: KÜCHENMASCHINE, KÜCHENTHERMOMETER

500 g Weißfischfilets

1 EL Sake

1 TL Salz

1 großes Ei

40 g Karotten, fein gestiftelt

25 g dünn geschnittene Frühlingszwiebeln

Pflanzenöl, zum Frittieren

Die Fischfilets in mundgerechte Würfel schneiden und zusammen mit dem Sake und dem Salz in eine Küchenmaschine geben. Einige Sekunden durcharbeiten, dann das Ei hinzufügen und zu einer glatten Paste verarbeiten.

Das Gemüse zur Fischpaste geben und sorgsam durcharbeiten.

Zwei Fingerbreit Öl in einen kleinen Topf geben und bei mittlerer Hitze auf 176 °C erwärmen. Während das Öl heiß wird, aus der Fischpaste zwölf gleichgroße Bällchen formen.

Um die Fischküchlein zu frittieren, jeweils zwei oder drei Bällchen gleichzeitig in den Topf geben und ca. 3 Minuten goldbraun frittieren; dabei bei Bedarf wenden, um die Bällchen von allen Seiten gleichmäßig zu garen. Mit einem Schaumlöffel herausnehmen und auf Küchenpapier abtropfen lassen, um das überschüssige Öl zu entfernen. Dies wiederholen, bis alle Fischbällchen frittiert sind.

Entweder warm oder bei Zimmertemperatur servieren. Falls ihr die Satsuma-Age etwas kleiner formt, kann man sie auch wunderbar anstelle gedämpfter Fischküchlein als Garnitur für Suppen oder Nudelgerichte verwenden.

KAKASHIS SALZGEBACKENER MAKRELENHECHT

Kakashis charakteristischem Weißlicht-Chakra-Säbel ist kaum ein Gegner gewachsen. Außerdem könnte diese Klinge sich auch bei diesem Fischrezept als nützlich erweisen, das bei Kakashi angeblich hoch im Kurs steht. Um diesen salzgebackenen Fisch in authentisch japanischem Stil zu genießen, müsst ihr die Gräten mit euren Essstäbchen (nicht mit den Fingern!) entfernen und beim Essen neben den Teller legen. Vergesst das nicht, falls ihr jemals eingeladen werdet, mit einem Dorfkage zu speisen. (Dieser Wink mit dem Zaunpfahl gilt dir, Naruto!)

SCHWIERIGKEIT: GENIN (ODER JŌNIN, WENN IHR DEN FISCH SELBST SÄUBERT)
VORBEREITUNGSZEIT: 20 MINUTEN
KOCHZEIT: 15 MINUTEN
ERGIBT: 2 PORTIONEN

2 Makrelenhechte, im Ganzen

1 EL Salz

Daikon-Rettich, gerieben

1 Zitrone, in Spalten geschnitten

Sojasoße

Den Fisch kurz unter kaltem Wasser abspülen und mit Küchenpapier gründlich abtupfen. Auf beiden Seiten mit dem Messer der Länge nach flach einschneiden; dabei der »Linie« folgen, die die Färbung der Haut vorgibt. Den Fisch ringsum kräftig salzen und 15 Minuten ruhen lassen.

Den Ofengrill auf hoher Stufe vorheizen. Die Makrelenhechte auf ein mit Backpapier ausgelegtes Backblech legen und direkt unter dem Grill in den Ofen schieben. Von jeder Seite ca. 8 bis 10 Minuten garen; dabei jeweils wenden, sobald die Haut der Fische hübsch gebräunt und angebraten ist.

Jeden Fisch zusammen mit kleinen Schüsseln mit geriebenem Daikon-Rettich, Zitrone und Sojasoße servieren.

VORBEREITUNGS-JUTSU: DIE BESTE SCHNITTTECHNIK

Makrelenhecht kann man komplett verzehren. Viele Japaner lieben den bitteren Geschmack der Innereien als Gegenpol zum Fleisch des Fisches, doch wer will, kann die Fische vor dem Garen auch ausnehmen. Hierzu den Fisch unmittelbar unter dem Kopf ca. 6 mm tief einschneiden, bis die Klinge auf das Rückgrat trifft. Dann einen flachen Schnitt an der Rückseite des Bauchs ansetzen, direkt am Darmausgang. Den Kopf mit den Händen zur Seite biegen und herausziehen; dabei sollte auch das Gedärm rauskommen. Falls nicht, einen flachen Schnitt entlang des Bauchs machen, um ihn zu öffnen, und den Darm von Hand entfernen. (Alternativ könnt ihr natürlich auch einfach bereits ausgenommenen Fisch kaufen oder euren Fischhändler bitten, das für euch zu erledigen. Aber welcher Shinobi mit einem Hauch von Selbstachtung würde sich die Chance entgehen lassen, seine Fertigkeiten im Umgang mit einem Messer zu verbessern?)

SEEUNGEHEUER-TEMPURA

Tempura bezeichnet in der japanischen Küche eine vielseitige Methode, um die unterschiedlichsten Speisen zu frittieren. Egal, ob Fisch, Gemüse, Fleisch oder so ziemlich alles andere, mit diesem Tempura-Rezept erlebt ihr frittierte Vollkommenheit!

SCHWIERIGKEIT: CHŪNIN
VORBEREITUNGSZEIT: 15 MINUTEN
KOCHZEIT: 15 MINUTEN
ERGIBT: 4 PORTIONEN
SONDERAUSSTATTUNG: KÜCHENTHERMOMETER

FÜR DEN DIP

180 ml Dashi

2 EL Sojasoße

2 EL Mirin

1 EL Zucker

FÜR DEN FISCH

500 g weißfleischige Fischfilets (z. B. Flunder, Kabeljau, Schnapper)

35 g Stärke (z. B. Maisstärke, Kartoffelstärke)

Pflanzenöl, zum Frittieren

1 Eigelb

250 ml kaltes Wasser

Einige Eiswürfel

140 g Kuchenmehl

Um die Soße zuzubereiten, in einem kleinen Topf das Dashi, die Sojasoße, den Mirin und den Zucker vermischen und bei hoher Hitze zum Kochen bringen. Dann den Herd ausschalten und abkühlen lassen.

Den Fisch vorbereiten, indem ihr ihn in mundgerechte Stücke schneidet. Falls ihr Fischfilets mit Haut verwendet, auf der Hauptseite mit ca. 6 mm Abstand zueinander flache parallele Schnitte machen, um zu vermeiden, dass sich der Fisch beim Frittieren zusammenzieht.

Die Filets mit Küchenpapier trockentupfen, dann großzügig mit der Stärke bestreuen und beiseitestellen.

Einige Fingerbreit Öl in einen großen Topf füllen und bei mittlerer Hitze auf 176 °C erwärmen. Während das Öl heiß wird, das Eigelb, das Wasser und die Eiswürfel in eine kleine Schüssel geben und sorgsam verquirlen.

Euren Arbeitsplatz vorbereiten, indem ihr einen mit Küchenpapier ausgelegten Teller neben den Herd stellt und den Fisch und das Mehl in Reichweite parat haltet.

Sobald das Öl heiß ist, das Mehl zur Eimischung geben und das Ganze ca. 20 Sekunden durchrühren, um alles gut zu vermischen. Es macht nichts, wenn noch einige Mehlklümpchen im Teig zu sehen sind; das Ganze soll bloß ordentlich vermengt sein.

Es ist wichtig, die Öltemperatur möglichst konstant zu halten, damit die Textur stimmt, darum immer nur ein paar Stücke Fisch auf einmal frittieren. Jeweils ein Stückchen zurzeit verarbeiten, zügig so in den Teig tauchen, dass die Stücke ringsum damit überzogen sind, und dann sofort ins Öl geben. Erst einige Sekunden frittieren, bevor ihr das nächste Stück in den Topf gebt.

Je nach Größe der Stücke ca. 3 bis 5 Minuten goldbraun frittieren. Mit einem Schaumlöffel aus dem Topf nehmen und zum Abtropfen auf einen mit Küchenpapier ausgelegten Teller geben. Zwischen den Fittiergängen mit dem Schaumlöffel durch das Öl fahren, um etwaige Krümel zu entfernen (die ihr dann z. B. als Garnitur für Soba-Nudeln verwenden könnt; siehe S. 51).

Zusammen mit Shuriken-Senbei (siehe S. 27) servieren, zu Ehren der epischen Schlacht, die sich Naruto und die anderen Shinobi mit dem gigantischen Schwertfisch aus dem Dritten Shinobi-Weltkrieg liefern.

KOCH-NINJA-HINWEIS: Alles möglichst kühl halten! Verwendet eine kalte Schüssel und eiskaltes Wasser. Bereitet den Teig erst kurz vor dem Frittieren zu. Und rührt den Teig nicht zu sehr durch, da sich sonst Gluten bildet, was das Frittierte am Ende zäher macht, als es sein müsste.

ACHTSCHWANZ-TAKO-SU

Gyūki, eine riesige, krakenähnliche Kreatur, ist ein achtschwänziges Ungetüm, dessen Größe bloß noch von seinem Chakra übertroffen wird. Trennt man Gyūkis Tentakeln ab, kann man sein Chakra so auf sich selbst übertragen, doch für dieses Rezept wird das nicht nötig sein. Allerdings könnten eure Gäste, falls sie noch nie zuvor Oktopus gegessen haben, auf diesen erfrischenden Salat mit einer gewissen Verwirrung reagieren, als wäre dies so eine Art Yōkai-Dämon!

SCHWIERIGKEIT: GENIN
VORBEREITUNGSZEIT: 15 MINUTEN
ERGIBT: 4 PORTIONEN

3 EL Reisessig

1 EL Zucker

1 EL Sojasoße

1 Stückchen frischer Ingwer (ca. 6 mm lang), gerieben

½ EL getrocknete Wakame

1 kleine Gurke

1 TL Salz

250 g vorgegarter Oktopus, in Scheiben geschnitten

Den Reisessig, den Zucker, die Sojasoße und den Ingwer in einer kleinen Schüssel vermischen und beiseitestellen.

Die Wakame in eine kleine Schüssel mit Wasser legen und 15 Minuten ruhen lassen, um die Algen zu rehydrieren.

Die Gurke in dünne Scheiben schneiden und in eine kleine Schüssel geben. Das Salz unterrühren und 15 Minuten ruhen lassen.

Mit den Händen vorsichtig so viel Flüssigkeit wie möglich aus den Gurkenscheiben pressen. Hierzu am besten eine Handvoll nach der anderen zwischen den Handflächen ausdrücken, dann in eine große Schüssel geben.

Die Oktopusscheiben, die Wakame und das Gewürz hinzufügen und durchrühren, um alles zu vermischen.

Gekühlt servieren.

SHIKAMARUS SCHMORMAKRELE

Kochen? Was für eine Belastung! Wenn´s darum geht, eine Mahlzeit (und alles weitere) zuzubereiten, lautet Shikamarus Einstellung: Einfacher ist besser. Und kaum etwas ist so simpel, wie Fisch in einer Pfanne zu schmoren! Vertieft euch nur nicht so sehr in eine Partie Shogi, dass ihr vergesst, den Fisch auch zu essen, wenn er fertig ist!

SCHWIERIGKEIT: GENIN
VORBEREITUNGSZEIT: 5 MINUTEN
KOCHZEIT: 20 MINUTEN
ERGIBT: 4 PORTIONEN

500 g Makrelenfilets, mit Haut
240 ml Sake
2 EL frischer Ingwer, gerieben
2 EL Sojasoße
2 EL Mirin
250 ml Dashi
2 EL Miso
80 g geriebener Daikon-Rettich
3 Frühlingszwiebeln, fein gehackt
Shichimi Togarashi

Die Makrelenfilets mit Küchenpapier trockentupfen und in vier ca. 8 cm große Stücke schneiden.

Den Sake und den Ingwer in einen großen Topf geben und vermischen. Den Fisch mit der Hautseite nach unten in eine große Pfanne legen; dabei darauf achten, dass sich die Stücke nicht überlappen. Bei hoher Hitze zum Kochen bringen, dann abdecken und die Hitze auf niedrig reduzieren. 10 Minuten köcheln lassen.

In einer kleinen Schüssel die Sojasoße, den Mirin, das Dashi und das Miso vermischen. Den Deckel vom Topf nehmen und die Würzmischung mit hineingeben. Unabgedeckt so lange köcheln lassen, bis die Flüssigkeit um die Hälfte einreduziert ist.

Den Rettich auf den Fischfilets verteilen und mit den Frühlingszwiebeln bestreuen. Den Deckel wieder auf den Topf setzen und weitere zwei Minuten köcheln lassen bzw. gerade lange genug, dass die Zwiebeln weich werden.

Die Fischfilets mit einem Spatel vorsichtig auf flache Schüsseln verteilen; dabei darauf achten, dass der Rettich und die Zwiebeln nicht abfallen. Mit einem Löffel jeweils etwas von der Soße über jedes Filet geben, nach Belieben mit Shichimi Togarashi bestreuen und sofort servieren.

KISAMES CHIRASHI-SUSHI

Ihr habt Schwierigkeiten, euer Sushiroll-Jutsu zu meistern? Kein Problem! Sushirollen mögen sehr beliebt sein, doch in Japan gibt es viele Möglichkeiten, Sushireis zu genießen (denn der Begriff Sushi bezeichnet den Reis – nicht den Fisch, mit dem er häufig serviert wird). Chirashi-Sushi ist ein schnell und einfach zuzubereitendes Sushi-Gericht, das man am besten zuhause genießt, und genau das Richtige, um einige von Kisames maritimen Lieblingsaromen zu präsentieren!

SCHWIERIGKEIT: GENIN
VORBEREITUNGSZEIT: 10 MINUTEN ZZGL. 30 MINUTEN ZUM EINWEICHEN DER PILZE
KOCHZEIT: 20 MINUTEN
ERGIBT: 4 PORTIONEN

FÜR DEN REIS

2 getrocknete Shiitakepilze

1 Karotte, fein gestiftelt

1 Block Aburaage, dünn geschnitten

180 ml Wasser

2 EL Zucker

60 ml Reisessig

370 g frisch gekochter Reis

FÜR DIE CRÊPES

2 große Eier

1 EL Dashi

1 TL Mirin

¼ TL Salz

FÜR DIE GARNITUR

120 g gekochtes Krabbenfleisch

160 g Garnelen, gekocht und geschält

120 g Narutomaki (gepökeltes Fisch-Surimi), in Scheiben geschnitten

4 Schneeerbsen, halbiert

1 Nori-Blatt, in schmale Streifen geschnitten

1 EL Sesamsaat

Mit dem Reis beginnen. Hierzu die Pilze ca. 30 Minuten in warmem Wasser einweichen bzw. so lange, bis sie weich sind. Die Pilze dann abgießen, in schmale Streifen schneiden und zusammen mit der Karotte, der Aburaage, dem Wasser und dem Zucker bei mittlerer Hitze in einem kleinen Topf zum Köcheln bringen. So lange köcheln lassen, bis die Karotte weich ist (ca. 5 Minuten), dann vom Herd nehmen und abkühlen lassen.

Um die Crêpes zuzubereiten, die Eier, das Dashi, den Mirin und das Salz in einer kleinen Schüssel verquirlen. Bei mittlerer Hitze eine antihaftbeschichtete Pfanne auf dem Herd erwärmen. Sobald die Pfanne heiß ist, eine dünne Schicht Ei hineingießen, mit einem fest aufliegenden Deckel abdecken und einige Minuten garen, bis das Ei stockt. Aus der Pfanne nehmen und zum Abkühlen auf ein Schneidebrett legen. Dann weitere dünne Eilagen zubereiten, bis das Ei aufgebraucht ist. Sobald das Ei abgekühlt ist, in schmale Streifen schneiden.

Den Reisessig zu der abgekühlten Gemüsemischung gießen und das Ganze zusammen mit dem gekochten Reis in eine große Schüssel geben. Das Gemüse mit einem Reislöffel oder einem Spatel behutsam so lange unter den Reis heben, bis alle Reiskörner mit Sud überzogen sind und schön glänzen.

Den Würzreis schließlich in eine breite, flache Servierschüssel (oder einen hölzernen Hangiri, falls vorhanden) füllen und die Eistreifen hübsch darauf arrangieren. Mit dem Krabbenfleisch, den Garnelen, dem Narutomaki und den Schneeerbsen garnieren und mit den Noristreifen und der Sesamsaat bestreuen.

5. KAPITEL: FLEISCH

Wenn´s um Protein geht, führt an Fleisch nichts vorbei! Egal, ob Chōjis Vorliebe für Yakiniku oder Kibas Begeisterung für Hundefutter, jeder Shinobi hat sein Lieblingsfleischgericht, das ihm die nötige Energie verleiht, um selbst die härtesten Trainingstage durchzustehen.

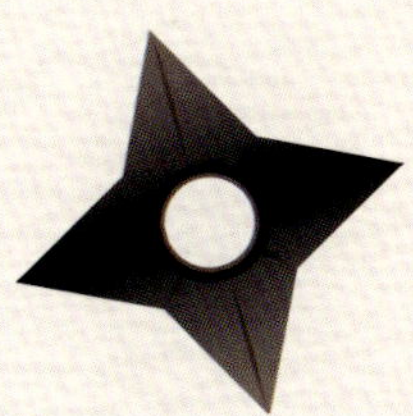

KONOHAGAKURE-AKADEMIE MISSION #5: LASST UNS CHICKEN TERIYAKI MACHEN!

Kein anderes japanisches Fleischgericht ist auch nur annähernd so berühmt wie Chicken Teriyaki. Die meisten von uns neigen dazu, Teriyaki mit einem bestimmten Geschmack zu verbinden, doch in Japan meint man damit vielmehr eine bestimmte Zubereitungstechnik, deren Bezeichnung von den japanischen Wörtern *teri* (glänzen) und *yaki* (kochen oder grillen) abgeleitet ist. Sprich: Alles kann Teriyaki sein – so lange es gegrillt ist und glänzt!

Für den authentischen Geschmack von Chicken Teriyaki ist es entscheidend, die Haut des Hühnchens beim Garen dranzulassen. Außerdem werdet ihr feststellen, dass man mit der richtigen Pfanne nicht einmal Öl benötigt, um das Hühnchen schön zu bräunen. Und Finger weg von fertiger Teriyakisoße aus dem Supermarkt! In diesem Kapitel erfahrt ihr, wie ihr mit nur einer Handvoll gewöhnlicher Zutaten eure eigene macht!

KLASSISCHES CHICKEN TERIYAKI

SCHWIERIGKEIT: CHŪNIN
VORBEREITUNGSZEIT: 10 MINUTEN
KOCHZEIT: 10 MINUTEN
ERGIBT: 4 PORTIONEN

8 Hähnchenschenkel, mit Haut, ohne Knochen

4 EL Sojasoße

2 EL Mirin

2 EL Zucker

2 EL Reisessig

1 Stückchen frischer Ingwer (ca. 1,5 cm lang), gerieben

1 EL Pflanzenöl oder Olivenöl

200 g geraspelter Kohl

In einer kleinen Schüssel das Huhn, die Sojasoße, den Mirin, den Zucker, den Reisessig und den Ingwer vermischen und beiseitestellen.

In einer großen Pfanne bei mittlerer Hitze das Öl erwärmen. Sobald das Öl heiß ist, die Hühnerschenkel aus der Soße nehmen und mit der Hautseite nach unten in die Pfanne legen. Ca. 4 Minuten anbraten, bis die Haut goldbraun ist. Dann wenden und weitere vier Minuten anbraten, bis die Schenkel fast durchgegart sind.

Die Soße dazugeben und die Pfanne behutsam schwenken, um die Soße gleichmäßig darin zu verteilen. Mit einem fest aufliegenden Deckel abdecken und eine Minute garen. Den Deckel abnehmen und weiter köcheln lassen, bis die Soße merklich einreduziert ist. Die Hühnerschenkel wenden, um sie ringsum mit der Soße zu überziehen, dann aus der Pfanne nehmen und einige Minuten auf einem Schneidebrett ruhen lassen.

Die Schenkel in dünne Streifen schneiden und zusammen mit dem geraspelten Kohl servieren.

CHŌJIS YAKINIKU

Egal, ob es darum geht, eine erfolgreich abgeschlossene Mission zu feiern oder sich selbst für ein neues Jutsu zu belohnen, Chōji liebt gutes Essen! (Nicht umsonst greift sein Sensei Asuma gern auf kulinarische Belohnungen zurück, um Chōji zu motivieren.) Yakiniku ist eine einzigartige soziale Erfahrung, und das nicht nur für Shinobi-Teams: Dies ist eine großartige Möglichkeit, direkt am Tisch zu kochen, gemeinsam zu essen und so die persönlichen Bande zueinander zu festigen. Bedenkt man, wie häufig Team Asuma Yakiniku genießt, muss ihre Verbundenheit grenzenlos sein!

SCHWIERIGKEIT: GENIN
VORBEREITUNGSZEIT: 40 MINUTEN ZZGL. 1 STUNDE RUHEZEIT FÜR DIE SOSSE
KOCHZEIT: 15 MINUTEN
ERGIBT: 6 PORTIONEN
SONDERAUSSTATTUNG: SHICHIRIN ODER EIN ANDERER KLEINER GRILL (OPTIONAL)

FÜR DIE SOSSE (IM VORAUS ZUBEREITEN, AM BESTEN AM VORTAG)

2 EL Dashi

2 EL Mirin

3 EL Sojasoße

1 EL Zucker

1 TL Reisessig

1 EL Apfelmus

1 EL geröstete weiße Sesamsaat

FÜR DAS FLEISCH UND DAS GEMÜSE

1 kg gemischtes Grillfleisch (z. B. Rib-Eye, Flanke, Lende, Filet, Schweinebauch, Hähnchenbrust)

300 g gemischtes Gemüse, in Scheiben geschnitten (z. B. Pilze, Zwiebeln, Karotten, Kürbis, Aubergine)

200 g geraspelter Kohl

1 EL Salz

Zitrone, zum Servieren

Um die Soße zuzubereiten, alle Zutaten hierfür in einer kleinen Pfanne vermischen und bei hoher Hitze zum Kochen bringen. Den Herd dann ausschalten, die Soße abkühlen lassen, in einen verschließbaren Behälter geben und mindestens eine Stunde im Kühlschrank kaltstellen, am besten über Nacht.

Das Fleisch und das Gemüse zubereiten. Hierzu das Fleisch für ca. 30 Minuten ins Gefrierfach geben, damit es sich besser verarbeiten lässt, und anschließend in ca. 6 mm dünne Streifen schneiden.

Den geraspelten Kohl in eine große Schüssel mit kaltem Wasser geben und das Salz hinzufügen. Ca. 30 Minuten ruhen lassen, dann gut abtropfen und trocknen lassen.

Den Backofengrill vorheizen. Während der Grill warm wird, den Tisch vorbereiten, indem ihr den Kohl auf einzelne Teller verteilt und Schüsselchen für die Soße bereitstellt.

Ein Backblech mit Alufolie auslegen. Solltet ihr ein kleines Drahtgitter zur Hand haben, auf das Backblech stellen, um das Fleisch und das Gemüse gleichmäßiger zu garen.

Das Fleisch und das Gemüse nacheinander grillen. Mit dem Gemüse beginnen und ca. 1 Minute pro Seite im Ofen garen bzw. so lange, bis der gewünschte Gargrad erreicht ist. Ist das Fleisch gut marmoriert, könnt ihr die Stücke so grillen, wie sie sind. Bei trockeneren Zutaten hingegen kann ein Spritzer Öl nicht schaden! Alles fertig Gegarte auf einen Servierteller geben und so weitermachen, bis alles Fleisch und Gemüse gegart ist.

Es ist am besten, das Essen zu servieren, sobald es frisch aus dem Ofen kommt, doch ihr könnt natürlich auch alles zusammen auftischen.

Das Essen in die vorbereitete Soße dippen oder einfach nur mit einem Spritzer Zitrone oder etwas Salz besprenkeln und genießen.

KOCH-NINJA-HINWEIS: Für dieses Rezept braucht ihr die Grillfunktion des Ofens, doch wer es wirklich authentisch will, sollte sich einen japanischen Tischgrill zulegen, Shichirin genannt. Ein gewöhnlicher Holzkohlegrill oder ein kleiner Gasgrill, wie er zum Campen verwendet wird, tun´s allerdings genauso (dabei aber unbedingt alle nötigen Sicherheitsmaßnahmen befolgen).

CHANKONABE DES AKIMICHI-CLANS

Bei all den kalorienraubenden Jutsus des Akimichi-Clans ist klar, dass die Mitglieder viel Essen müssen, um bei Kräften zu bleiben. Dementsprechend ist dieses Gericht nicht bloß der bevorzugte Eintopf von Shinobi während ihrer Ausbildung, sondern zugleich auch eine traditionelle Stärkung der japanischen Sumo-Ringer!

SCHWIERIGKEIT: GENIN
VORBEREITUNGSZEIT: 20 MINUTEN
KOCHZEIT: 15 MINUTEN
ERGIBT: 6 PORTIONEN

FÜR DIE PONZU-SOSSE

60 ml Sojasoße

2 EL Zitronensaft

2 EL Mirin

1 EL Reisessig

¼ TL Instant-Dashipulver

FÜR DIE SESAM-SOSSE

50 g Tahini

2 EL Sojasoße

2 EL Mirin

2 EL Reisessig

2 EL Zucker

1 EL Miso-Paste

¼ TL Instant-Dashipulver

1 EL geröstete Sesamsaat

FÜR DIE ZOSUI

370 g frisch gekochter Reis

1 großes Ei, geschlagen

FÜR DEN EINTOPF

1 Bund Frühlingszwiebeln

250 g Geflügelhack

1 großes Ei

1 Stückchen frischer Ingwer (ca. 3 cm lang)

1 EL Sojasoße

1 EL Maisstärke

1 Packung Harusame-Nudeln

6 Shiitakepilze

1,5 l Dashi

60 ml Sake

60 ml Mirin

75 g Miso

250 g dünn geschnittenes Schweinefleisch

250 g Hähnchenschenkel, ohne Haut und Knochen, in ca. 3 cm große Würfel geschnitten

1 Karotte, in ca. 8 mm dicke Scheiben geschnitten

400 g Tofu, in ca. 3 cm große Würfel geschnitten

½ Kopf Napa-Kohl, in ca. 6 cm große Stücke geschnitten

Fortsetzung auf S. 80

Damit beginnen, eine oder beide Soßen zuzubereiten, indem ihr alle Zutaten für jede der Soßen in einer kleinen Schüssel vermischt. Bis zum Gebrauch in den Kühlschrank stellen.

Die Fleischbällchen für den Eintopf vorbereiten, indem ihr zwei der Frühlingszwiebeln fein hackt, in eine mittelgroße Schüssel gebt und das Geflügelhack, das Ei, den Ingwer, die Sojasoße und die Maisstärke hinzufügt. Alles gründlich vermischen und beiseitestellen.

Die restlichen Frühlingszwiebeln in ca. 5 cm lange Streifen schneiden. Die Nudeln und die Pilze jeweils in eine Schüssel mit Wasser geben und einige Minuten einweichen lassen.

Für die Brühe in einem Schmortopf oder einem großen Kochtopf bei mittlerer Hitze das Dashi, den Sake und den Mirin erwärmen. Dann mehrere Schöpfkellen in eine kleine Schüssel füllen und das Miso hinzufügen. Umrühren, bis sich das Miso vollständig aufgelöst hat. Zurück in den Topf geben und die Hitze auf mittel reduzieren. Die Brühe anschließend nicht mehr kochen!

Mit der Zubereitung des Eintopfs beginnen, indem ihr löffelweise etwas von der Geflügelhack-Mixtur abnehmt und zu mundgerechten Bällchen formt. Die Fleischbällchen dann in den Topf geben und nach jedem Zugeben umrühren, um sicherzustellen, dass die Bällchen nicht am Topfboden haften bleiben. Die Bällchen an die Seite schieben und alle neuen Zutaten jeweils an einer anderen Stelle im Topf platzieren, damit sie so gut wie möglich voneinander getrennt sind. Ab sofort nicht mehr umrühren! Das Schweinefleisch und die Hähnchenschenkel dazugeben, abdecken und ca. 8 Minuten köcheln lassen.

Den Deckel abnehmen und die Karotte, die Shiitake und den Tofu hinzufügen, dann nochmals ca. 5 Minuten köcheln lassen. Einige Minuten vor dem Servieren die Harusame, den Kohl und die restlichen Frühlingszwiebeln dazugeben und so lange kochen, bis das Gemüse weich ist. Den Topf auf den Esstisch stellen.

Beim Essen soll jeder Gast sich nach Belieben selbst auffüllen, stellt also am besten mehrere Dipschälchen bereit.

Nach dem Essen könnt ihr das Mahl auf typisch japanische Art abschließen: mit einer schönen Schüssel Zosui! Hierzu den Reis und das Ei in den übrigen Eintopf geben, den Deckel aufsetzen und einige Minuten bei mittlerer Hitze köcheln lassen, bis das Ganze merklich eingedickt ist. Bei Bedarf noch etwas Wasser hinzufügen.

SCHATTENKLON-JUTSU: BORUTOS CHILI-BURGER

Wie der Vater, so der Sohn, sagt man. So sehr, wie Naruto seine Ramen liebt, so liebt Boruto seine Burger! Einer sticht dabei besonders hervor: der würzig-grüne Chili-Burger. Wählt die Chilis, die ihr für dieses Rezept verwendet, danach aus, wie scharf ihr es mögt. Poblano-Chilis und Jalapeños beispielsweise sind großartige Kandidaten, wenn´s ein bisschen feuriger sein darf.

SCHWIERIGKEIT: GENIN
VORBEREITUNGSZEIT: 10 MINUTEN
KOCHZEIT: 20 MINUTEN
ERGIBT: 6 PORTIONEN

500 g Rinderhack

1 TL Salz

¼ TL Pfeffer

30 g grüne Chilis

1 EL neutrales Öl

1 Avocado

6 Hamburgerbrötchen

6 Scheiben Chili-Käse

6 Salatblätter
(z. B. Eisberg oder Römersalat)

1 Tomate, in Scheiben geschnitten

½ weiße Zwiebel, fein gewürfelt

Das Rinderhack, das Salz und den Pfeffer in einer mittelgroßen Schüssel gründlich mit den Händen vermischen.

Die Chilis zubereiten. Hierzu zunächst auf hoher Stufe den Ofengrill vorheizen. Die Spitzen der Chilis abschneiden, dann halbieren und die Samen entfernen. Auf ein mit Alufolie ausgelegtes Backblech geben, mit dem Öl bestreichen und ca. 7 Minuten grillen, bis die Chilis leicht verkohlt sind. Aus dem Ofen nehmen und abkühlen lassen.

Das Fruchtfleisch aus der Avocado löffeln und in eine kleine Schüssel geben. Mit einer Gabel zerdrücken.

Um die Burgerpatties zu braten, bei mittlerer Hitze eine große Pfanne erwärmen. Unterdessen die Patties machen, indem ihr die Hackfleischmischung in sechs gleichgroße Portionen aufteilt. Jeweils zu einer flachen Scheibe formen und zwischen den Händen hin und her werfen, als würdet ihr mit einer heißen Kartoffel spielen; so wird die Oberfläche der Patties fester.

Sobald die Pfanne heiß ist, zuerst die Hamburgerbrötchen antoasten. Hierzu ein bisschen Öl in die Pfanne geben und die Brötchen mit der Schnittfläche nach unten hineinlegen. Die Brötchen leicht anrösten, dann aus der Pfanne nehmen und mit der getoasteten Seite nach oben beiseitestellen, um zu vermeiden, dass sie matschig werden.

Nun die Burgerpatties in die Pfanne geben und von einer Seite scharf anbraten. Dann wenden und bis zum gewünschten Gargrad garen; die Patties dabei hin und wieder mit einem Kochspatel flachdrücken. Kurz bevor die Patties fertig sind, jeweils mit einer Scheibe Käse belegen und leicht anschmelzen lassen, dann vom Herd nehmen.

Um die Burger zusammenzusetzen, jeweils etwas Avocadomus auf der Schnittfläche der oberen Brötchenhälfte verstreichen. Dann die untere Brötchenhälfte jeweils mit dem Salat, der Tomate, dem Patty, den Chilis und den Zwiebeln belegen und schließlich mit der oberen Brötchenhälfte abschließen. Sofort servieren.

NAHRUNGSMITTELERSATZ-JUTSU: REISBURGERBRÖTCHEN

Wenn jemand weiß, wie man Reis und Burger vereint, dann die Japaner! Als Zugabe punkten diese Reisbrötchen nicht bloß mit frischem Brotgeschmack, sondern sind zudem auch glutenfrei.

SCHWIERIGKEIT: CHŪNIN
VORBEREITUNGSZEIT: 10 MINUTEN
KOCHZEIT: 20 MINUTEN
ERGIBT: 6 BRÖTCHEN

540 g frisch gekochter japanischer Reis
½ EL Maisstärke
½ TL Salz
2 EL neutrales Öl

In einer mittelgroßen Schüssel den Reis, die Maisstärke und das Salz vermischen. Eine Schüssel mit Wasser bereitstellen, um regelmäßig eure Hände anzufeuchten. Die Mischung in zwölf gleichgroße Portionen aufteilen, flachdrücken und mit den Händen oder einem Keksausstecher zu gleichmäßigen Scheiben formen. Mit den Händen fest zusammendrücken, um sicherzustellen, dass der Reis zusammenklebt. Sollte der Reis zu klebrig sein, zwischendurch eure Hände abspülen.

In einer antihaftbeschichteten Pfanne bei mittlerer Hitze das Öl erwärmen. Die Reisbrötchen vorsichtig hineinlegen und von jeder Seite ca. 10 Minuten anbraten bzw. so lange, bis der Reis allmählich braun wird. Dann wenden und von der anderen Seite genauso anbraten.

Etwas abkühlen lassen, dann zeitnah anstelle normaler Hamburgerbrötchen verwenden.

SCHATTENKLON-JUTSU: SUPERSAURER BURGER

Ein weiterer Burger, der regelmäßig auf Borutos Teller landet, ist dieser supersaure Burger, obwohl nicht jeder Borutos Begeisterung dafür teilt. Die Geheimzutat: Zitronen, und zwar jede Menge davon! Bei Blitz-Burger *servieren sie diese doch recht eigenwillige Kreation mit einer ganzen Zitrone, samt Schale und allem. Doch das wahre Geheimnis besteht darin, dass man die Zitronen vorher einlegt! Das dauert zwar ein paar Wochen, aber das Warten lohnt sich.*

SCHWIERIGKEIT: GENIN

VORBEREITUNGSZEIT: 15 MINUTEN ZZGL. 2 WOCHEN ZUM EINLEGEN

KOCHZEIT: 15 MINUTEN

ERGIBT: 6 PORTIONEN

FÜR DIE EINGELEGTEN ZITRONEN

8 große Zitronen (mit möglichst dünner Schale)

90 g Salz

1 EL Zucker

360 ml frischer Zitronensaft

FÜR DIE BURGER

500 g Rinderhack

1 TL Salz

¼ TL Pfeffer

1 EL neutrales Öl

6 Hamburgerbrötchen

80 g geriebener Salat

FÜR DIE ZITRONEN-AIOLI

110 g Mayonnaise

2 EL Zitronensaft

2 Knoblauchzehen, gehackt

1 TL Dijon-Senf

Zuerst die eingelegten Zitronen zubereiten. Die Zitronen hierzu in ca. 6 mm dicke Scheiben schneiden, in eine große Schüssel geben und mit dem Salz und dem Zucker vermischen. 1 Stunde ruhen lassen, damit die Zitronen ihre Feuchtigkeit abgeben.

Die Zitronenmischung in einen kleinen verschließbaren Behälter geben und in dem Behältnis flachdrücken. Den Zitronensaft hinzufügen, um die Scheiben damit zu bedecken, dann für mindestens zwei Wochen in den Kühlschrank stellen.

Sind die eingelegten Zitronen schließlich fertig, die Burgerpatties zubereiten. Hierzu in einer mittelgroßen Schüssel das Hackfleisch mit dem Salz und dem Pfeffer vermischen und mindestens 15 Minuten ruhen lassen.

Das Aioli zubereiten. Dazu alle Zutaten in einer kleinen Schüssel vermischen und bis zum Gebrauch im Kühlschrank lagern.

Um die Burgerpatties zu braten, bei mittlerer Hitze eine große Pfanne erwärmen. Derweil die Patties machen, indem ihr die Hackfleischmischung in sechs gleichgroße Portionen aufteilt. Jeweils zu einer flachen Scheibe formen und zwischen den Händen hin und her werfen, als würdet ihr mit einer heißen Kartoffel spielen; so wird die Oberfläche der Patties fester.

Sobald die Pfanne heiß ist, zuerst die Hamburgerbrötchen antoasten. Hierzu ein bisschen Öl in die Pfanne geben und die Brötchen mit der Schnittfläche nach unten hineinlegen. Die Brötchen leicht anrösten, dann aus der Pfanne nehmen und mit der getoasteten Seite nach oben beiseitestellen, um zu vermeiden, dass sie matschig werden.

Nun die Burgerpatties in die Pfanne geben und von einer Seite scharf anbraten. Dann wenden und bis zum gewünschten Gargrad garen; die Patties dabei hin und wieder mit einem Kochspatel flachdrücken.

Um die Burger zusammenzufügen, jeweils ein bisschen Aioli auf den Schnittflächen beider Brötchenhälften verstreichen. Dann jeweils einen Patty, etwas eingelegte Zitrone und ein bisschen Salat auf die unteren Brötchenhälften schichten und mit der oberen Brötchenhälfte abschließen. Sofort genießen!

SAKURAS UMEBOSHI-HÜHNCHEN

Ein bisschen salzig, ein bisschen süß – das einzigartige Geschmacksprofil dieses Gerichts zeichnet sich durch die perfekte Balance von Kühnheit und Anmut aus, ganz ähnlich wie Sakura selbst.

SCHWIERIGKEIT: GENIN
VORBEREITUNGSZEIT: 15 MINUTEN
KOCHZEIT: 15 MINUTEN
ERGIBT: 4 PORTIONEN

2 Hähnchenbrüste, in ca. 3 cm große Würfel geschnitten

1 EL Umeboshi-Paste (aus zwei großen Umeboshi-Salzpflaumen)

1 Stückchen frischer Ingwer (ca. 3 cm lang)

2 EL Olivenöl

3 Knoblauchzehen, gehackt

2 EL Sojasoße

2 EL Sake

2 EL Dashi

1 EL Mirin

1 EL Zucker

1 TL Kartoffelstärke

Geröstete Sesamsaat, als Garnitur

Um das Huhn zuzubereiten, in einer kleinen Schüssel die Umeboshi-Paste und den Ingwer vermischen. Das Hühnchenfleisch dazugeben und gut durchrühren. Ca. 15 Minuten marinieren.

In einer großen Pfanne bei mittlerer Hitze das Öl erwärmen. Den Knoblauch hineingeben und anschwitzen, bis es angenehm duftet. Das marinierte Hühnchen hinzufügen und ca. 8 Minuten unter gelegentlichem Rühren anbraten, bis das Fleisch schön angebräunt und fast durchgegart ist.

Während das Hühnchen gart, die Soße zubereiten. Hierzu in einer kleinen Schüssel die Sojasoße, den Sake, das Dashi, den Mirin, den Zucker und die Kartoffelstärke vermischen. Sobald das Fleisch fertig ist, die Soße mit in die Pfanne geben, alles grob vermengen und weitere fünf Minuten köcheln lassen bzw. so lange, bis die Soße zu einer dickflüssigen Paste einreduziert ist.

Mit geröstetem Sesam bestreut servieren.

ENDLOSE TSUKUYOMI-TSUKUNE

Das Endlose Tsukuyomi mag mächtig genug sein, um die ganze Welt in einer Illusion gefangen zu halten. Doch das einzige Genjutsu, um das ihr euch beim Verspeisen dieser Hühnchenfleischbällchen Sorgen machen müsst, ist, euch in einem Kosmos unvergleichlichen Geschmacks zu verlieren!

SCHWIERIGKEIT: CHŪNIN
VORBEREITUNGSZEIT: 10 MINUTEN
KOCHZEIT: 40 MINUTEN
ERGIBT: 4 PORTIONEN
SONDERAUSSTATTUNG: BAMBUSSPIESSE

FÜR DIE SÜSS-SAURE SOSSE

240 ml Ananassaft

90 g Rohrzucker

80 ml Reisessig

3 EL Ketchup

2 EL Sojasoße

1 EL Maisstärke

1 EL schwarze Sesamsaat

FÜR DIE TSUKUNE

500 g Geflügelhack

1 kleine Zwiebel, gerieben

1 Stückchen frischer Ingwer (ca. 3 cm lang), gerieben

3 Knoblauchzehen, gehackt

1 großes Ei

80 g Paniermehl

Sesamöl

Die Bambusspieße in einer flachen Schüssel mit Wasser einweichen und bis zum Gebrauch beiseitestellen.

Um die Soße zuzubereiten, in einer kleinen Pfanne bei starker Hitze den Ananassaft, den Rohrzucker, den Essig, den Ketchup und die Sojasoße vermischen und zum Kochen bringen.

Sobald die Soße kocht, die Hitze auf niedrig reduzieren. Die Maisstärke mit einem Schluck Wasser zu einem dünnen Brei verrühren, mit in die Pfanne geben und unterrühren. Ca. 5 Minuten köcheln lassen bzw. so lange, bis die Soße merklich eingedickt ist. Dann die Sesamsaat hinzufügen, vom Herd nehmen und beiseitestellen.

Den Ofengrill auf hoher Stufe vorheizen.

Um die Tsukune zuzubereiten, in einer kleinen Schüssel das Geflügelhack, die Zwiebel, den Ingwer, den Knoblauch, das Ei und die Semmelbrösel vermischen und mehrere Minuten mit den Händen durchkneten – das ist wichtig, um dem Fleisch die nötige Festigkeit zu verleihen, damit es später am Spieß haften bleibt!

Um die Hühnerfleischbällchen zu formen, eure Hände mit ein bisschen Sesamöl einfetten und etwas von der Fleischmischung zu einem mundgerechten Bällchen formen; dabei mehrmals leicht von einer Hand in die andere werfen, damit die Oberfläche fester wird.

Jeweils zwei bis vier Fleischbällchen auf jeden Bambusspieß stecken. Das Holz, das danach noch sichtbar ist, mit Alufolie umwickeln, damit es nicht anbrennt. Die Fleischbällchen mit Öl einpinseln und auf ein eingefettetes Backblech legen. Direkt unter dem Ofengrill platzieren und drei Minuten grillen. Dann wenden und von der anderen Seite garen, bis die Bällchen schön gebräunt sind. Aus dem Ofen nehmen und großzügig mit der Soße bestreichen. Dann nochmals für einige Minuten zurück in den Ofen geben und anschließend zeitnah servieren.

AKAMARUS LIEBLINGSFUTTER

Kiba füttert seinen pelzigen besten Freund nur mit dem Besten, was der Grund dafür sein könnte, dass Akamaru von einem winzigen Welpen zu einem Hund heranwuchs, der groß genug ist, dass Kiba auf ihm reiten könnte! Hackfleisch, auf Japanisch Soboro *genannt, lässt sich im Handumdrehen zubereiten, enthält eine großartige Mischung von Nährstoffen und ist das perfekte Essen für jeden Ninja, ganz gleich, ob Hund oder Menschen! Falls ihr dieses Gericht für euren eigenen Ninja-Hund macht, lasst die Soßen und die Gewürze weg. Doch wenn ihr dieses Rezept für Mitmenschen kocht, werdet ihr feststellen, dass ein Spritzer Sojasoße oder ein Klecks Miso diese Speise sogar noch schmackhafter machen!*

SCHWIERIGKEIT: GENIN
VORBEREITUNGSZEIT: 10 MINUTEN
KOCHZEIT: 30 MINUTEN
ERGIBT: 4 PORTIONEN

3 große Eier

1 TL Salz

2 EL Sesamöl

500 g Geflügelhack

1 Stückchen frischer Ingwer (ca. 1,5 cm lang), gerieben

2 EL Mirin

2 EL Sojasoße

160 g TK-Erbsen

4 Portionen frisch gekochter Reis

Die Eier in einer kleinen Schüssel mit dem Salz verquirlen. Für 10 Minuten beiseitestellen. (Das hilft dabei, die Eiproteine umzuwandeln und die Eier fester zu machen.)

Bei mittlerer Hitze eine große Pfanne erwärmen. Sobald die Pfanne heiß ist, 1 EL Sesamöl hineingeben. Dann die Eier hinzufügen und garen, bis das Ei stockt; dabei regelmäßig durchrühren, um möglichst feines Rührei zu bekommen. Aus der Pfanne nehmen und beiseitestellen.

Das übrige Öl in die Pfanne geben, das Geflügelhack hinzufügen und beim Anbraten mit einem Kochspatel zerbröseln. Ca. 8 Minuten garen, bis das Fleisch fast durch ist, dann den Ingwer, den Mirin und die Sojasoße dazugeben. Weitere fünf Minuten köcheln lassen, bis die gesamte Feuchtigkeit verdunstet ist. Vom Herd nehmen und beiseitestellen.

Einen kleinen Topf Wasser bei großer Hitze zum Kochen bringen. Die Erbsen hineingeben und ca. 3 Minuten kochen bzw. so lange, bis sie halb gar sind. Dann durch ein Sieb abgießen und etwas abkühlen lassen.

Den fertig gekochten Reis auf vier Servierschüsseln verteilen. Zum Servieren das Rührei auf das linke Drittel vom Reis schichten, das Hühnchenfleisch auf das rechte Drittel. Die Erbsen in der Mitte arrangieren.

6. KAPITEL: VEGETARISCH

Das Land des Gemüses in Narutos Welt mag klein sein, doch für jede gesunde Ernährung ist Gemüse von grundlegender Bedeutung! Die Rezepte auf den folgenden Seiten eignen sich hervorragend als Beilagen, machen jede Mahlzeit auf köstliche Weise gesünder und eignen sich außerdem großartig als Snacks für zwischendurch.

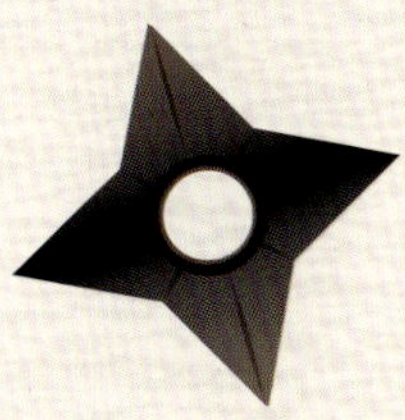

KONOHAGAKURE-AKADEMIE MISSION #6: LASST UNS GURKEN EINLEGEN!

Für eine authentische japanische Mahlzeit benötigt ihr bloß einige wenige Dinge: Reis, Miso-Suppe und Gurken. Ja, Gurken! Doch das Beizen muss kein langwieriger, aufwendiger Prozess sein. Schon wenn man Gemüse nur für kurze Zeit einlegt, verleiht man ihm so einen erfrischenden, knackigen Biss. Eingelegtes Gemüse wertet jede Mahlzeit auf. Außerdem ist es viel länger haltbar als frisches, was ja auch nicht zu unterschätzen ist, wenn man sich gerade auf einer Mission in einer weit entlegenen Gegend befindet.

KURZ EINGELEGTE GURKEN

SCHWIERIGKEIT: GENIN
VORBEREITUNGSZEIT: 15 MINUTEN
ERGIBT: 4 PORTIONEN
SONDERAUSSTATTUNG: MANDOLINE

1 große Gurke

1 Stückchen frischer Ingwer (ca. 3 cm lang)

1 EL Salz

Die Gurke mit einer Mandoline oder der Schnittfläche einer Küchenreibe in dünne Streifen schneiden. Den Ingwer mit einer feinen Reibe zu Brei zerreiben.

Alle Zutaten in einer kleinen Schüssel vermischen und mit den Händen behutsam das Salz in die Gurkenstreifen einmassieren. 15 Minuten ziehen lassen.

Mit den Händen vorsichtig alle überschüssige Flüssigkeit aus den Gurken pressen. Gekühlt oder bei Zimmertemperatur servieren.

CHRYSANTHEMEN-RADIESCHEN AUS YAMANAKAS BLUMENLADEN

Ino und Sakura streiten darüber, wer von ihnen Sasuke Blumen bringen soll. Dabei kennt Ino das Geheimnis, was wirklich nötig ist, um einen Jungen zu beeindrucken: Essen! Besser noch: essbare Blumen oder essbares Gemüse in Blumenform! Diese Garnituren wären garantiert ein Verkaufsschlager in Yamanakas Blumenladen!

SCHWIERIGKEIT: JŌNIN
VORBEREITUNGSZEIT: 40 MINUTEN ZZGL. 24 STUNDEN ZUM EINLEGEN
KOCHZEIT: 5 MINUTEN
ERGIBT: 12 PORTIONEN

120 ml Reisessig

120 ml Dashi

2 EL Zucker

500 g kleine Radieschen

1 l Wasser

45 g Salz

In einer kleinen Pfanne den Reisessig, das Dashi und den Zucker vermischen und bei mittlerer Hitze zum Köcheln bringen. Sobald sich der Zucker vollständig aufgelöst hat, vom Herd nehmen und abkühlen lassen.

Um die Radieschen zuzubereiten, zunächst die Unterseiten kappen, um eine flache Basis zu bekommen. Zwei Essstäbchen parallel zueinander auf die Arbeitsfläche legen und ein Radieschen dazwischen platzieren. Die Stäbchen als »Puffer« verwenden, um zu verhindern, dass ihr die Radieschen zu tief einschneidet. (Verwendet hierfür lieber nicht eure besten Essstäbchen, denn sie könnten ein paar Kerben abkriegen!) Die Radieschen der Länge nach im Abstand von ca. 3 mm mit kleinen vertikalen Schnitten versehen.

Die Radieschen dann um 90° drehen und dies auf der anderen Seite wiederholen, um die Radieschen mit einer Art Schraffur zu versehen.

Sind alle Radieschen zurechtgeschnitten, in einer kleinen Schüssel das Wasser und das Salz vermischen. Sobald sich das Salz vollständig aufgelöst hat, die Radieschen hineinlegen und ca. 30 Minuten ruhen lassen; das hilft dabei, sie weicher zu machen.

Fortsetzung auf S. 96

Nach ca. 30 Minuten sind die »Blütenblätter« relativ elastisch. Die Radieschen dann aus der Schüssel nehmen, vorsichtig die überschüssige Flüssigkeit herauspressen und in ein Glas oder einen verschließbaren Plastikbehälter geben. Die Essigmischung über die Radieschen gießen und mindestens 30 Minuten, längstens 24 Stunden einlegen; dabei darauf achten, dass die Radieschen vollständig von der Essigmixtur bedeckt sind. Bei Bedarf im Verhältnis 1:1 noch mehr Wasser und Essig dazugeben.

Mit der Zeit nimmt das gesamte Radieschen die Farbe der Schale an. Nach ungefähr 24 Stunden sind auch die äußersten »Blätter« rosa gefärbt. Soll die Farbe durchgehend gleichmäßig sein, kann das bis zu zwei oder drei Tage dauern. Die Radieschen sind im Kühlschrank mindestens eine Woche haltbar, eignen sich also perfekt dafür, eine Woche lang jede Mahlzeit mit ein, zwei »Radieschenblumen« aufzupeppen!

KOCH-NINJA-HINWEIS: Bereit, in die Vollen zu gehen? Japanische Köche bereiten größere Versionen dieses Rezepts mit Daikon-Rettich zu, doch die Technik ist dieselbe. Schneidet einfach eine ca. 5 cm dicke Scheibe von der Unterseite des Rettichs ab, damit er mehr Halt hat, und wendet an, was ihr gerade gelernt habt!

SASUKES EINGELEGTE SOJA-TOMATEN

Nur wenige wissen, dass Sasuke Tomaten liebt. Warum? Nun, vielleicht hegt er schöne Erinnerungen daran, wie er sie zusammen mit Itachi und Fugaku gezogen hat. Vielleicht schmecken sie ihm auch einfach nur gut. So oder so könnte man vermuten, dass die ganzen Tomaten in der Ernährung der Uchiha ihren Teil dazu beigetragen haben, dass ihr Sharingan rot ist. Das ist allerdings bloß ein Gerücht.

SCHWIERIGKEIT: CHŪNIN
VORBEREITUNGSZEIT: 5 MINUTEN ZZGL. 12 STUNDEN ZUM MARINIEREN
KOCHZEIT: 5 MINUTEN
ERGIBT: 4 PORTIONEN

2 bis 3 große Tomaten

180 ml Dashi

240 ml Reisessig

3 EL Zucker

2 EL Sojasoße

1 TL Salz

Einen großen Topf Wasser zum Kochen bringen. Die Stiele der Tomaten entfernen und ein flaches Kreuz in die Unterseite jeder Tomate schneiden. Ins Wasser geben, ca. 30 Sekunden kochen, dann wenden und nochmals 30 Sekunden garen. Anschließend sofort aus dem Topf nehmen und unter fließend kaltem Wasser abschrecken.

Während die Tomaten abkühlen, die Einmachlake vorbereiten. Hierzu das Dashi, den Essig, den Zucker, die Sojasoße und das Salz in einem kleinen Topf zum Kochen bringen. Rühren, bis sich der Zucker vollständig aufgelöst hat, dann vom Herd nehmen und abkühlen lassen.

Sobald die Tomaten abgekühlt sind, behutsam die Haut abziehen; hierbei an den Ecken der Kreuzschnitte beginnen. Sollte sich die Haut nicht so ohne weiteres entfernen lassen, vorsichtig mit den Fingern darüber reiben, um sie ein bisschen zu lockern. Die gepellten Tomaten in einen kleinen verschließbaren Behälter geben und mit der Lake übergießen.

Den Behälter verschließen und für mindestens 12 Stunden in den Kühlschrank geben. Die Tomaten zum Servieren in Scheiben schneiden.

SAIS KUNSTVOLLER AGEDASHI-TOFU

Ihr besitzt vielleicht nicht die künstlerische Sensibilität, die es Sai erlaubt, seine Tuschezeichnungen so elegant zum Leben zu erwecken. Doch nichts hindert euch daran, ihm zu Ehren diese herzhaften Tofublöcke mit einer Soße aus essbarer Tinte zu genießen!

SCHWIERIGKEIT: CHŪNIN
VORBEREITUNGSZEIT: 15 MINUTEN
KOCHZEIT: 20 MINUTEN
ERGIBT: 4 PORTIONEN
SONDERAUSSTATTUNG: KÜCHENTHERMOMETER, QUETSCHFLASCHE

400 g fester Tofu

2 EL Sojasoße

2 EL Mirin

2 EL Sake

500 ml Dashi

Pflanzenöl, zum Frittieren

70 g Kartoffelstärke, zum Bestäuben

Frühlingszwiebeln, fein gehackt, als Garnitur

Geriebener Daikon-Rettich, als Garnitur

Den Tofu aus der Verpackung nehmen, kurz abtropfen lassen und in acht gleichgroße Blöcke schneiden. Damit der Tofu fester wird, ein paar Blatt Küchenpapier auf ein Backblech legen und den Tofu gleichmäßig darauf verteilen. Den Tofu mit Küchenpapier abdecken und mit einem weiteren Backblech oder einem Schneidebrett beschweren – so bekommt ihr eine provisorische Tofu-Presse. (Wer will, kann das Blech auch noch zusätzlich beschweren, um ein bisschen mehr Druck auf den Tofu auszuüben.) Ca. 15 Minuten abtropfen lassen.

In der Zwischenzeit die Brühe zubereiten. Hierzu bei schwacher Hitze in einem kleinen Topf die Sojasoße, den Mirin, den Sake und das Dashi erwärmen, den Deckel aufsetzen und köcheln lassen.

Um den Tofu zu frittieren, zwei Fingerbreit Öl in einen kleinen Topf geben (genug, damit der Tofu vollends davon bedeckt ist) und auf 190 °C erwärmen. Während das Öl heiß wird, die Kartoffelstärke in eine flache Schüssel geben und den ausgepressten Tofu darin wenden, um die Stücke gleichmäßig von allen Seiten mit Stärke zu überziehen.

Sobald das Öl heiß ist, ein oder zwei Tofublöcke zurzeit hineingeben und ca. 4 Minuten frittieren bzw. so lange, bis der Tofu leicht gebräunt ist. Beim Frittieren bei Bedarf behutsam wenden, um den Stärkeüberzug nicht zu beschädigen. Außerdem darauf achten, nicht zu viel Tofu auf einmal in den Topf zu geben, da sonst die Öltemperatur zu stark schwankt, was es schwieriger macht, den Tofu perfekt zu garen.

Den fertig frittierten Tofu aus dem Öl nehmen und kurz auf Küchenpapier abtropfen lassen, dann in Servierschüsseln geben und die warme Brühe darübergießen. Mit Frühlingszwiebeln und Daikon-Rettich garnieren und sofort servieren.

Alternativ könnt ihr die Oberseite von einem oder mehreren Tofublöcken auch mit Sais essbarer Tinte verzieren (siehe S. 100). In diesem Fall wie oben beschrieben mit den Frühlingszwiebeln und dem Daikon garnieren, aber die Brühe separat dazu servieren.

KOCH-NINJA-HINWEIS: Esst ihr oft Tofu? Dann ist eine gute Tofu-Presse eine großartige Investition, um dafür zu sorgen, dass alle Arten von Tofu beim Frittieren oder Sautieren die bestmögliche Textur haben!

SAIS ESSBARE TINTE

Mit ihrem salzigen Teriyakigeschmack passt diese Tinte gut zu leicht gewürzten Speisen.

SCHWIERIGKEIT: GENIN
VORBEREITUNGSZEIT: 5 MINUTEN
KOCHZEIT: 15 MINUTEN
ERGIBT: CA. 80 ML

½ TL Tintenfischtinte

60 ml Dashi

60 ml Sojasoße

60 ml Mirin

2 EL Zucker

Alle Zutaten in einem kleinen Topf vermengen und bei starker Hitze zum Kochen bringen.

Die Hitze auf niedrig reduzieren und köcheln lassen, bis das Ganze auf mindestens die Hälfte einreduziert ist; die »Tinte« sollte möglichst dickflüssig sein. Dann vom Herd nehmen und abkühlen lassen.

Zur Verwendung nach dem Abkühlen in eine Plastikquetschflasche füllen. Alternativ einen sauberen Aquarellpinsel benutzen, um beliebige Lebensmittel mit der »Tinte« zu verzieren.

INOS KIRSCHTOMATENSALAT

Ino Yamanaka ist praktisch in einem Blumenladen aufgewachsen und weiß schöne Dinge zu schätzen. Vielleicht ist das der Grund, warum sie Kirschtomaten den größeren Tomatensorten vorzieht. Bei diesem Rezept kommen Soja und Essig zum Einsatz, um für Säure und Geschmack zu sorgen und das Tomatenaroma zu unterstützen. Mit dem Auge der Floristin besteht Ino beim Anrichten dieses Gerichts auf frischer Petersilie, die dem Ganzen mit ihrer Farbe und ihrem Geschmack noch einen Extrakick verleiht.

SCHWIERIGKEIT: GENIN
VORBEREITUNGSZEIT: 15 MINUTEN
ERGIBT: 4 PORTIONEN

½ Zwiebel, gerieben

1 EL Reisessig

1 EL Sojasoße

2 EL Sesamöl

1 TL Zucker

300 g Kirschtomaten, halbiert

Salz und Pfeffer

Gehackte Petersilie, als Garnitur

Die Zwiebel, den Reisessig, die Sojasoße, das Sesamöl und den Zucker in einer kleinen Schüssel vermischen und ca. 15 Minuten durchziehen lassen, damit sich die Aromen miteinander verbinden können.

Die Tomaten unmittelbar vor dem Servieren nach Belieben mit Salz und Pfeffer würzen und in das vorbereitete Dressing geben. Behutsam durcheinanderwerfen. Mit etwas gehackter Petersilie garnieren.

SHINOS WILDGRAS-KÄFER-SALAT

Mit seiner Vorliebe für wild wachsendes Grünzeug ist Shino Aburame so was wie der natürliche Namensgeber dieses köstlichen Gerichts. Die Sesamsaat, die über den Salat gestreut wird, erinnert an Shinos Käfer-Freunde. Ob ihr einen ganzen Schwarm auf eure Gäste loslasst oder bloß ein paar verstreute Einzelgänger, liegt dabei ganz bei euch.

SCHWIERIGKEIT: GENIN
VORBEREITUNGSZEIT: 15 MINUTEN
ERGIBT: 4 PORTIONEN
SONDERAUSSTATTUNG: GEWÜRZMÜHLE ODER KÜCHENMASCHINE

2 Tassen gemischte Salatblätter (möglichst japanische Sorten wie z. B. Komatsuna, Mizuna oder Shiso; alternativ das, was bei euch im Supermarkt verfügbar ist)

FÜR DAS DRESSING

2 EL geröstete Sesamsaat zzgl. noch etwas mehr als Garnitur

1 EL Sesamöl

1 EL Miso

1 Stückchen frischer Ingwer (ca. 6 cm lang), gerieben

2 EL Dashi

1 EL Reisessig

1 EL Sojasoße

1 EL Zucker

Pfeffer

Die Salatblätter in mundgerechte Stücke zerrupfen und bei Bedarf für einige Minuten in eine Schüssel mit Eiswasser geben, damit sie etwas mehr Biss bekommen. Dann abtropfen lassen und trockentupfen.

Um das Dressing zuzubereiten, die Sesamsaat in einer Gewürzmühle oder Küchenmaschine fein mahlen. Nach Belieben in einer kleinen Schüssel sorgsam mit dem Sesamöl, dem Miso, dem Ingwer, dem Dashi, dem Reisessig, der Sojasoße, dem Zucker und dem Pfeffer vermischen. Das Dressing für mindestens 15 Minuten in den Kühlschrank stellen, damit sich die Aromen verbinden können.

Die Salatblätter auf Schüsseln verteilen und unmittelbar vor dem Servieren mit dem Dressing beträufeln. Nach Belieben mit etwas zusätzlicher Sesamsaat bestreuen.

BROCK LEES GOMAAE

Dieser Salat mit Sesamdressing wird häufig mit Spinat zubereitet. Aber wenn man einen Stiel Brokkoli nimmt und die Spitze in Sojasoße taucht … Erinnert euch die schlanke, grüne Form mit dem runden, kronenartigen Kopf vielleicht an irgendwen?

SCHWIERIGKEIT: GENIN
VORBEREITUNGSZEIT: 20 MINUTEN
KOCHZEIT: 5 MINUTEN
ERGIBT: 4 PORTIONEN
SONDERAUSSTATTUNG: GEWÜRZMÜHLE ODER KÜCHENMASCHINE

3 EL Sesamsaat

½ EL Zucker

2 EL Sojasoße

1 EL Dashi

350 g Brokkoliröschen oder Baby-Brokkoli

Die Sesamsaat in eine kleine Pfanne geben und unter gelegentlichem Rühren bei mittlerer Hitze rösten, bis der Sesam angenehm duftet und leicht gebräunt ist. Einige Minuten abkühlen lassen, dann in eine Gewürzmühle oder Küchenmaschine füllen und fein mahlen.

Den gemahlenen Sesam in eine kleine Schüssel geben. Den Zucker, die Sojasoße und das Dashi hinzufügen und 15 Minuten ziehen lassen, damit sich die Aromen miteinander verbinden können.

Bei mittlerer Hitze einen kleinen Topf Wasser zum Kochen bringen. Den Brokkoli hineingeben und ca. 3 Minuten garen, bis sich die Röschen schön grün färben. Dann durch ein Sieb abgießen und einige Minuten unter kaltes, fließendes Wasser stellen, um den Garprozess zu unterbrechen.

Mit den Händen behutsam alles verbliebene Wasser aus dem Brokkoli pressen, in eine Schüssel geben, die Sesamsoße darübergießen und alles vermischen.

7. KAPITEL: SÜSSES UND DESSERTS

Soweit wir wissen, gibt es unter den Shinobi-Nationen zwar kein Land der Süßigkeiten, doch der Dango-Shop in Konohagakure kommt dem verdammt nah! Die Geschäfte scheinen gut zu laufen, was beweist, dass nicht einmal Ninjas einem süßen Leckerbissen widerstehen können. Also spart euch die Gewissensbisse, wenn ihr diese Köstlichkeiten genießt! Sorgt einfach nur dafür, dass ihr genug hiervon zur Hand habt, um euer gesamtes Team zu verköstigen!

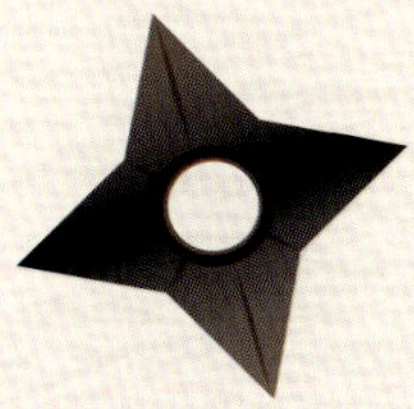

KONOHAGAKURE-AKADEMIE MISSION #7: LASST UNS ANKO MACHEN!

Nichts fasst die Welt des Wagashi, der traditionellen japanischen Süßspeisen, so gut zusammen wie Anko. Um es mit den Worten eines Shinobi auszudrücken: Anko ist wie ein Chakra, das euch dazu befähigt, eine breite Palette köstlicher Leckereien hervorzubringen. Anko, eine geschmeidige, gesüßte rote Bohnenpaste, ist eine ausgesprochen vielseitige Zutat. Man kann Anko als Füllung verwenden, als Garnitur, für Suppen, oder einfach pur servieren. Lässt man Anko stückig, ist es eine großartige Basis für Brühen und Toppings. Dient es einem als Füllung, bietet einem Anko als glattere Paste eine wunderbar cremige Konsistenz. So oder so, dieses Rezept zu beherrschen, ist für Koch-Ninjas der Schlüssel zu einer schier endlosen Vielzahl von Dessert-Jutsus!

ROTE BOHNENPASTE: ANKO

SCHWIERIGKEIT: GENIN
VORBEREITUNGSZEIT: 5 MINUTEN
KOCHZEIT: 2 STUNDEN
ERGIBT: 8 PORTIONEN
SONDERAUSSTATTUNG: FEINMASCHIGES SIEB

200 g getrocknete rote Bohnen (am besten Adzuki-Bohnen, alternativ Kidney- oder andere rote Bohnen)

200 g Zucker

1 Prise Salz

Die Bohnen in einem Sieb abspülen und sorgsam waschen. Alle beschädigten Bohnen aussortieren, den Rest gut abtropfen lassen.

Die abgetropften Bohnen in einen großen Topf geben und mit viel Wasser aufgießen, sodass das Wasser bis ca. 5 cm über die Bohnen reicht. Bei mittlerer Hitze zum Kochen bringen, die Bohnen dann sofort abgießen und in einem Sieb abtropfen lassen.

Die Bohnen in den Topf zurückgeben und dieselbe Menge kaltes Wasser hinzufügen wie zuvor. Bei mittlerer Hitze zum Kochen bringen, dann mit einem fest aufliegenden Deckel abdecken, die Hitze auf niedrig reduzieren und ca. 90 Minuten köcheln lassen; dabei regelmäßig prüfen, ob der Wasserstand immer noch deutlich über den Bohnen liegt. Falls nicht, noch etwas mehr Wasser dazugießen.

Um zu überprüfen, ob die Bohnen gar sind, eine Bohne aus dem Topf nehmen und zwischen den Fingern zerdrücken. Lässt sie sich mühelos zerdrücken, ist sie gar. Falls nicht, noch weiter köcheln lassen und alle halbe Stunde prüfen, ob der Gargrad jetzt richtig ist.

Die fertig gegarten Bohnen abtropfen lassen und in den Topf zurückgeben.

Um die süße Anko-Bohnenpaste (auf Japanisch *Tsubu-an*) herzustellen, den Zucker und das Salz hinzufügen und so lange vorsichtig umrühren, bis sich der Zucker vollständig aufgelöst hat. Ihr könnt die Paste für die Rezepte in diesem Buch so verwenden, wie sie jetzt ist, oder ihr lasst sie bei geringer Hitze noch länger köcheln (sodass noch mehr Feuchtigkeit verdunstet), bis die gewünschte Konsistenz erreicht ist.

Um Koshi-an herzustellen (eine geschmeidigere, glattere Anko-Variante), die Bohnen in einem feinmaschigen Sieb abtropfen lassen und die Flüssigkeit auffangen. Mit einem Silikonspatel oder einem stabilen Löffel die Bohnen durch das Sieb schaben und die so entstehende Paste in einer Schüssel sammeln; die Häute bleiben im Sieb zurück. Die Paste in einen kleinen Topf geben, mit dem Zucker und dem Salz vermischen und gerade genug von der aufgefangenen Flüssigkeit hinzufügen, dass das Ganze an eine dickflüssige Suppe erinnert. Bei schwacher Hitze unter beständigem Rühren köcheln lassen, bis die Paste schön kompakt ist.

Fortsetzung auf S. 108

NAHRUNGSMITTELERSATZ-JUTSU: WEISSE BOHNENPASTE

Rote Bohnenpaste ist sehr beliebt. Allerdings kann man auch andere Bohnen verwenden, um andere Pasten zuzubereiten, meist mit milderen Aromen. Diese spezielle Paste z. B. eignet sich hervorragend als Füllung und ist die Hauptzutat für das Nerikiri-Shuriken-Rezept auf S. 123.

SCHWIERIGKEIT: GENIN

VORBEREITUNGSZEIT: 15 MINUTEN

KOCHZEIT: 15 MINUTEN

ERGIBT: 8 PORTIONEN

SONDERAUSSTATTUNG: FEINMASCHIGES SIEB, KÜCHENMASCHINE

450 g Lima- oder Butterbohnen (aus der Dose)

200 g Zucker

1 Prise Salz

Die Dosenbohnen in einem feinmaschigen Sieb abtropfen lassen und dann unter kaltem Wasser abspülen, um die überschüssige Stärke zu entfernen.

Mit einem Silikonspatel oder einem stabilen Löffel die Bohnen durch das Sieb schaben und die so entstehende Paste in einer Schüssel sammeln. Sobald ihr die Bohnen passiert habt, bleiben die Häute im Sieb zurück und ihr habt eine feine Bohnenpaste. Alternativ könnt ihr die Bohnen auch abtropfen lassen, die Flüssigkeit auffangen und die Bohnen in einer Küchenmaschine fein pürieren; dabei gerade genug von der Dosenflüssigkeit hinzufügen, dass das Pürieren funktioniert. Die Bohnenpaste anschließend in einen kleinen Topf geben und mit dem Zucker und dem Salz vermischen. Bei schwacher Hitze unter beständigem Rühren erwärmen, bis die Paste so dick ist wie gewünscht.

HINATAS ZENZAI

Diese kissenförmigen Reiskuchen, die in einer warmen, süßen Suppe schwimmen, passen mit ihrer lieblichen Art wunderbar zur ruhigen, schüchternen Hinata. Obzwar traditionell meist warm im Winter genossen, kann dieses Gericht auch gekühlt als Erfrischung an warmen Sommertagen serviert werden.

SCHWIERIGKEIT: GENIN
VORBEREITUNGSZEIT: 10 MINUTEN
KOCHZEIT: 15 MINUTEN
ERGIBT: 4 PORTIONEN

110 g rote Bohnenpaste

120 ml Wasser

¼ TL Salz

4 getrocknete Mochi (fertig gekauft)

Auf hoher Stufe den Ofengrill vorheizen.

Die Brühe zubereiten. Hierzu die rote Bohnenpaste und das Wasser in einen kleinen Topf geben, bei mittlerer Hitze zum Köcheln bringen und das Salz einrühren. Beiseitestellen.

Als nächstes die Mochi zubereiten. Dazu einen kleinen Topf Wasser zum Kochen bringen, die Mochi hineingeben und so lange köcheln lassen, bis sie weich sind. Durch ein Sieb abgießen und abtropfen lassen, dann auf ein eingefettetes oder mit Backpapier ausgelegtes Backblech geben und direkt unter den Ofengrill schieben. So lange garen, bis die Mochi aufgebläht und an der Oberseite merklich gebräunt sind (ca. 10 Minuten).

Die Brühe auf Schüsseln verteilen, jeweils mit einem Stück Mochi garnieren und genießen!

ANKOS SIRUP-DANGOS

Dango-Spieße sind eine beliebte Methode, um Reiskuchen zu genießen. Das hier ist der Renner im Dango-Shop in Konohagakure. Vor allem Anko Mitarashi (deren Vorname ein Hinweis auf ihre Vorliebe für Süßes ist) kriegt einfach nicht genug davon!

SCHWIERIGKEIT: CHŪNIN
VORBEREITUNGSZEIT: 15 MINUTEN
KOCHZEIT: 15 MINUTEN
ERGIBT: 6 PORTIONEN
SONDERAUSSTATTUNG: BAMBUSSPIESSE

FÜR DIE SOSSE

180 ml Wasser

100 g Zucker

2 EL Sojasoße

1 EL Maisstärke

FÜR DIE DANGOS

260 g Klebreismehl

2 EL Zucker

180 ml kochendes Wasser

Um die Soße zuzubereiten, in einem Topf das Wasser, den Zucker und die Sojasoße vermischen und bei mittlerer Hitze erwärmen. So lange umrühren, bis sich der Zucker vollständig aufgelöst hat, dann die Hitze auf niedrig reduzieren. Die Maisstärke in eine kleine Schüssel geben, mit 1 EL Wasser vermischen und mit in den Topf geben. Alle Zutaten sorgsam miteinander vermengen und köcheln lassen, bis die Soße merklich eindickt. Dann vom Herd nehmen und beiseitestellen.

Um die Dangos herzustellen, das Reismehl und den Zucker in einer kleinen Schüssel vermischen. Nach und nach das Wasser dazugeben (jeweils ein paar Schluck auf einmal) und nach jedem Zugeben durcharbeiten, bis der Teig zwar noch matschig, aber fest ist.

Die Arbeitsfläche mit Maisstärke bestäuben, den Teig darauf ausbringen und so lange kneten, bis er schön geschmeidig ist.

Jeweils einen gehäuften Esslöffel Teig zurzeit verarbeiten und mit den Händen zu einem Ball formen; dabei bei Bedarf eure Hände bestäuben, um zu vermeiden, dass der Teig klebt. Dies mit dem gesamten übrigen Teig wiederholen.

Einen großen Topf Wasser zum Kochen bringen, die Teigbällchen eins nach dem anderen hineingeben und gelegentlich umrühren, um zu verhindern, dass die Bällchen am Topfboden haften bleiben. Ca. 5 Minuten kochen lassen bzw. so lange, bis alle Teigbällchen oben schwimmen. Dann mit einem Schaumlöffel herausnehmen, auf einen Teller geben und ein bisschen abzukühlen lassen.

Bei mittlerer Hitze eine große, antihaftbeschichtete Pfanne erwärmen. Bis die Pfanne heiß ist, jeweils drei der Teigbällchen auf jeden Bambusspieß stecken. Sobald die Pfanne einsatzbereit ist, die Spieß von beiden Seiten anbraten, bis die Bällchen leicht gebräunt sind (ca. 3 Minuten). Achtung: Die Pfanne nur dann mit etwas Öl einfetten, falls die Dangos am Boden kleben bleiben!

Die fertigen Dango-Spieße auf einen Servierteller legen und die abgekühlte Soße darübergießen.

ZIMTSCHNECKEN DES UZUMAKI-CLANS

Der Uzumaki-Clan mag sich nach der Zerstörung von Uzushiogakure zerstreut haben, wird jedoch in ganz Konohagakure geehrt, wie man nicht zuletzt am strudelförmigen Clansymbol auf dem Rücken der Shinobi-Uniformen erkennt. Eine noch bessere Art, dem Clan Respekt zu zollen, sind diese köstlichen Zimtschnecken! Bei diesem Rezept kommt eine spezielle asiatische Backtechnik namens Tangzhong zum Einsatz, um superweiche, unwiderstehlich fluffige Brötchen zu zaubern.

SCHWIERIGKEIT: CHŪNIN
VORBEREITUNGSZEIT: 1 STUNDE ZZGL. 4 STUNDEN RUHEZEIT FÜR DEN TEIG
KOCHZEIT: 40 MINUTEN
ERGIBT: 12 PORTIONEN
SONDERAUSSTATTUNG: KÜCHENMASCHINE

FÜR DIE TANGZHONG

2 EL Wasser

2 EL Vollmilch

1 EL Weizenmehl Type 550

FÜR DEN TEIG

4 EL Butter, geschmolzen

180 ml Milch

2 große Eier

360 g Weizenmehl Type 550

1 TL Salz

2 TL Instanthefe

45 g heller Rohrzucker

Rote Lebensmittelfarbe

FÜR DIE FÜLLUNG

3 EL schwarze Sesamsaat

45 g heller Rohrzucker

1 EL gemahlener Zimt

1 TL Salz

2 EL Butter, geschmolzen

FÜR DIE KARAMELLGLASUR

2 EL Butter

135 g heller Rohrzucker

3 EL Vollmilch

¼ TL Salz

Mit der Zubereitung der Tangzhong beginnen. Hierzu das Wasser, die Milch und das Mehl in einem kleinen Topf vermischen und bei mittlerer Hitze unter ständigem Quirlen erwärmen, bis sich das Ganze zu einer glatten, dicken Paste verdickt (ca. 3 Minuten). Vom Herd nehmen.

Die geschmolzene Butter in die Mehlpaste geben und vorsichtig verquirlen, bis alles gut vermischt ist. Dann die Milch einrühren. Schließlich die Eier dazugeben und verquirlen, bis sie vollständig eingearbeitet sind.

Fortsetzung auf S. 114

In einer separaten Schüssel oder einem Standmixer mit Knethakenaufsatz das Mehl, das Salz, die Hefe und den Zucker vermischen. Die lauwarme Mehlpaste dazugeben und auf niedriger Stufe ca. 2 Minuten durcharbeiten bzw. so lange, bis sich ein Teig bildet. Gegen Ende dieses Schrittes die Lebensmittelfarbe hinzufügen und weiter durcharbeiten, bis die Farbe vollständig eingearbeitet ist.

Achtung: Abhängig von der Art der verwendeten Lebensmittelfarbe kann sich durch das Zugeben der Feuchtigkeitsgehalt des Teigs ändern, darum bei Bedarf gerade genug Milch oder Mehl extra hinzufügen, damit sich der Teig zusammenfügt, aber nicht zu klebrig ist. Die Schüssel dann mit Frischhaltefolie abdecken und ca. 2 Stunden ruhen lassen bzw. so lange, bis der Teig doppelt so groß ist wie zuvor.

In der Zwischenzeit die Füllung zubereiten. Hierzu die Sesamsaat in einer Küchenmaschine fein mahlen. Den Rohrzucker, den Zimt und das Salz hinzufügen und gleichmäßig einarbeiten. In eine kleine Schüssel geben und beiseitestellen.

Die Karamellglasur zubereiten. Dazu die Butter und den Rohrzucker bei mittlerer Hitze unter stetem Rühren in einem kleinen Topf erwärmen, bis sich der Zucker vollständig aufgelöst hat und das Ganze zu blubbern beginnt (ca. 3 Minuten). Die Milch und das Salz dazugeben und umrühren, dann beiseitestellen.

Sobald der Teig fertig ist, auf einer leicht bemehlten Oberfläche ausbringen. Mit den Händen zu einem groben Rechteck formen und mit einem Nudelholz zu einem Rechteck von ca. 40 x 30 cm ausrollen, während die kürzere Seite zu euch zeigt. Mit einem Backpinsel die geschmolzene Butter darauf verteilen; dabei entlang der Oberkante (die von euch weg zeigt) einen ca. 3 cm breiten Rand freilassen. Mit der Füllung bestreuen und diese bei Bedarf mit dem Backpinsel verteilen, bis der Teig gleichmäßig damit bedeckt ist.

Den Teig – beginnend am unteren Rand, der euch am nächsten ist – zur langen Seite hin fest aufrollen. Die »Naht« mit den Fingerspitzen zusammendrücken, dann mit der »Naht« nach unten auf die Arbeitsfläche legen.

Mit einem scharfen Messer in zwölf gleichgroße Scheiben schneiden. Am einfachsten ist es, die Rolle zu halbieren, dann jede der Hälften erneut zu halbieren und schließlich jedes dieser Stücke in drei Scheiben zu schneiden. Die zwölf Brötchen mit dem Muster nach oben dicht an dicht in eine eingefettete Auflaufform geben. Mit Frischhaltefolie abdecken und ca. 2 Stunden gehen lassen bzw. so lange, bis der Teig doppelt so groß ist wie zuvor. (Alternativ – wenn ihr eure Brötchen erst am nächsten Tag backen wollt – in den Kühlschrank stellen, damit die Rohlinge über Nacht in Ruhe aufgehen können. Dann morgens bei Zimmertemperatur rausstellen, während der Ofen vorheizt, damit die Brötchen fertig aufgehen.)

Den Backofen auf 180 °C vorheizen. Die Auflaufform auf ein Backblech in der mittleren Schiene stellen und so lange backen, bis die Brötchen merklich aufgepufft sind (ca. 30 Minuten). Dann aus dem Ofen nehmen und fünf Minuten ruhen lassen, bevor ihr sie mit der Karamellglasur beträufelt.

SASUKES FLUCHMAL-CASTELLA

Dieser honigsüße Biskuitkuchen, auf Japanisch Kasutera *genannt, hat in Japan und im Dorf Konoha eine lange Historie. Kasutera werden traditionell pur serviert, doch die Schokoladenmarmorierung bei dieser Variante soll Sasukes Fluchmale nachahmen – wenn auch mit deutlich angenehmeren Folgen!*

SCHWIERIGKEIT: CHŪNIN
VORBEREITUNGSZEIT: 30 MINUTEN
KOCHZEIT: 45 MINUTEN
ERGIBT: 1 KUCHEN (CA. 6 PORTIONEN)

4 große Eier,
bei Zimmertemperatur

100 g Zucker

4 EL Honig

⅛ TL Salz

60 g Brotmehl

1 EL ungesüßtes Kakaopulver

Den Backofen auf 165 °C vorheizen. Eine Kastenform (ca. 20 x 8 cm) mit Backpapier auslegen oder mit Öl einfetten.

In einer großen Schüssel mit einem Handmixer auf hoher Stufe die Eier aufschlagen. Den Zucker hinzufügen und ca. 8 bis 10 Minuten auf hoher Stufe schlagen, bis sich steife Spitzen bilden; der Eischnee nimmt dabei deutlich an Volumen zu. Dabei darauf achten, das Ganze nicht zu überschlagen, sobald sich die Spitzen gebildet haben, da der Eischnee sonst in sich zusammenfällt! Die Geschwindigkeit auf niedrig reduzieren und 3 EL Honig und das Salz einarbeiten.

Das Mehl in eine separate Schüssel sieben, dann etwa ⅓ des Mehls in die Eimischung geben und auf niedriger Stufe schlagen, bis alles gut vermischt ist. Dies noch zweimal wiederholen, bis das gesamte Mehl verarbeitet ist.

Die Hälfte des Teigs in eine separate Schüssel geben. Das Kakaopulver hinzufügen und sorgsam verrühren.

Für die Marmorierung des Kuchens zunächst etwas von dem einfachen Teig in die vorbereitete Backform füllen. Etwas von dem Schokoladenteig darauf verteilen, dann wieder etwas von dem schlichten Teig. Dieses Prozedere wiederholen, bis bloß noch ein bisschen Teig übrig ist. Ein Buttermesser durch den Teig ziehen, um die Wirbel im Kuchen zu erzeugen. Anschließend vorsichtig den verbliebenen einfachen Teig darauf verteilen und die Oberfläche glätten. Für die Fluchmale vom restlichen Schokoteig drei Kreise in die Mitte des Kuchens gießen, angeordnet in einem kleinen Dreieck. Dann das Messer in einer nach außen gerichteten Bewegung durch jeden der Schokokreise ziehen, als würdet ihr ein Komma zeichnen.

Auf mittlerer Schiene ca. 40 Minuten backen bzw. so lange, bis ein Zahnstocher, den man in die Mitte des Kuchens pikt, beim Herausziehen sauber bleibt. Falls nicht, noch etwas weiter backen; dabei alle fünf Minuten prüfen, ob der Kuchen fertig ist.

Den Kuchen auf die Arbeitsfläche stürzen, um ihn aus der Form zu lösen, und sofort mit Frischhaltefolie abdecken. Ist der Kuchen etwas abgekühlt, die Folie entfernen und die Seiten mit einem Messer senkrecht wegschneiden, um die Marmorierung darunter freizulegen.

Kurz vor dem Servieren den restlichen Honig mit 1 EL Wasser vermischen und damit die Oberseite des Kuchens bestreichen.

TENTENS SESAM-DUMPLINGS

Diese Dumplings sind ein beliebtes chinesisches Dessert namens Tang Yuan und werden oft beim Laternenfest im ersten Monat des neuen Jahres serviert. Angeblich ist dies die Lieblingsnachspeise von Tenten, worauf sie mit ihrer Kleidung und ihren Haarknoten im chinesischen Stil, die sie trägt, unterschwellig hinweist. Obwohl Tenten ihre Dumplings am liebsten mit Sesam gefüllt mag, kann man dafür auch rote Bohnenpaste und sogar Erdnussbutter verwenden!

SCHWIERIGKEIT: CHŪNIN
VORBEREITUNGSZEIT: 20 MINUTEN
KOCHZEIT: 10 MINUTEN
ERGIBT: 24 DUMPLINGS ODER 8 PORTIONEN
SONDERAUSSTATTUNG: GEWÜRZMÜHLE ODER KÜCHENMASCHINE

FÜR DIE SOSSE

750 ml Wasser

1 Stückchen frischer Ingwer (ca. 6 cm lang), in Scheiben geschnitten

6 EL Rohrzucker

FÜR DIE DUMPLINGS

60 g schwarze Sesamsaat

90 g Rohrzucker

4 EL Butter, geschmolzen

225 g Klebreismehl

250 ml kochendes Wasser

Rote und rosa Lebensmittelfarbe (optional)

Mit der Zubereitung der Soße beginnen, indem ihr das Wasser und den Ingwer in einem kleinen Topf zum Kochen bringt. Dann die Hitze auf niedrig reduzieren, abdecken und köcheln lassen, während ihr euch den anderen Zubereitungsschritten zuwendet.

Um die Füllung für die Dumplings zuzubereiten, zuerst bei schwacher Hitze in einer antihaftbeschichteten Pfanne so lange die Sesamsaat rösten, bis der Sesam anfängt zu knistern und zu duften; dabei darauf achten, dass das Ganze nicht anbrennt! (Je dunkler der Sesam wird, desto schwieriger ist es, verbrannte Samen zu erkennen!) Den Sesam aus der Pfanne nehmen und etwas abkühlen lassen, dann in eine Gewürzmühle oder Küchenmaschine geben und fein mahlen. In einer Schüssel die Sesamsaat, den Zucker und die Butter vermischen, bis sich daraus eine Paste bildet. Mit Frischhaltefolie abdecken und bis zum Gebrauch zum Festwerden ins Gefrierfach geben.

Für den Dumplingteig das Reismehl in einer mittelgroßen Schüssel mit dem heißen Wasser vermengen und einige Minuten abkühlen lassen. Sobald das Ganze genügend abgekühlt ist, um sich verarbeiten zu lassen, den Teig mit den Händen durchkneten, bis er sich von allein von den Seiten der Schüsseln zurückzieht und weich und ein bisschen klebrig ist. Bei Bedarf mit etwas zusätzlichem Mehl bestäuben, damit der Teig euch nicht an den Fingern kleben bleibt. Im ersten Moment mag der Teig etwas zu trocken wirken, doch bevor ihr noch mehr Wasser dazugebt, einfach noch ein bisschen länger kneten. Habt Geduld! Das wird schon!

Den Teig in drei gleichgroße Portionen aufteilen. Eine davon rosa und eine andere rot einfärben; dabei jeweils ein paar Tropfen Lebensmittelfarbe zurzeit hineingeben und durcharbeiten, bis die gewünschte Färbung erreicht ist. Den restlichen Teig weiß lassen. Jede der drei Farben in acht gleichgroße Portionen aufteilen und mit einem sauberen Geschirrtuch abdecken, damit der Teig nicht austrocknet.

Um die Dumplings zu machen, ein Stück Teig nach dem anderen verarbeiten und mit den Händen zu einer Kugel formen. Dann zu einer Scheibe flachdrücken, die in der Mitte etwas

dicker ist als an den Rändern.

Einen Löffel Füllung in die Mitte häufen, dann die Seiten des Teigs vorsichtig darüber falten und oben zusammendrücken, um den Teigkloß zu verschließen. Bei Bedarf eure Hände mit Mehl bestäuben, um zu verhindern, dass der Teig an euren Fingern kleben bleibt. Den Dumpling dann mit der »Naht« nach unten auf eine leicht bemehlte Arbeitsfläche legen und auf dieselbe Weise den restlichen Teig verarbeiten.

Sind alle Dumplings gefüllt, bei starker Hitze einen großen Topf Wasser zum Kochen bringen. Während das Wasser heiß wird, mit einem Schaumlöffel den Ingwer aus dem Topf mit der Soße entfernen. Den Rohrzucker dazugeben und umrühren, bis sich der Zucker vollständig aufgelöst hat.

Sobald das Wasser kocht, die Hitze auf mittel reduzieren und einen Dumpling nach dem anderen hineinlegen; dabei zwischendurch umrühren, um zu verhindern, dass die Klöße am Topfboden kleben bleiben. (Ihr könntet zwar auch alle Dumplings auf einmal garen, doch es empfiehlt sich, nur so viele zuzubereiten, wir ihr zeitnah essen wollt. Außerdem sind diese Dumplings nicht besonders lange haltbar, also fiert den Rest am besten ein.) Die Klöße einige Minuten köcheln lassen, bis sie von allein an die Oberfläche steigen, dann mit einem Schaumlöffel herausnehmen und einen Dumpling von jeder Farbe in jede Schüssel geben. Mit gerade genügend Soße übergießen, um die Dumplings damit zu überziehen, und sofort servieren.

NARUTOMAKI-ZUCKERKEKSE

Ihr kriegt einfach nicht genug von Ramen? Dann probiert diese von Narutomaki inspirierten Zuckerkekse, die mindestens genauso köstlich wie Ramen-Garnituren sind, dafür aber extra süß!

SCHWIERIGKEIT: CHŪNIN
VORBEREITUNGSZEIT: 20 MINUTEN ZZGL. 1 STUNDE GEFRIERZEIT
KOCHZEIT: 15 MINUTEN
ERGIBT: 12 KEKSE
SONDERAUSSTATTUNG: SUSHI-ROLLMATTE

60 g Butter, aufgeweicht

50 g Zucker

1 großes Ei

½ TL Vanilleextrakt

90 g Weizenmehl Type 550

¼ TL Salz

2 EL Aroma (Matcha oder Kakaopulver) und farbige Streusel

In einer großen Schüssel die Butter und den Zucker verrühren, dann das Ei und die Vanille einquirlen. Das Mehl und das Salz zusammen in eine separate Schüssel sieben, dann zu der Butter-Zucker-Mischung geben und alles gut durcharbeiten.

Eine Lage Frischhaltefolie auf der Arbeitsfläche ausbreiten und den Teig gleichmäßig auf der Folie ausbringen. Mit den Händen ein ca. 22 x 22 cm großes Quadrat formen. Das Aromapulver über den Teig streuen; dabei auf einer Seite einen ca. 5 cm breiten Rand freilassen.

Das Teigrechteck so hinlegen, dass die Seite mit dem freien Rand von euch weg zeigt. Dann unten beginnen und den Teig zu einem festen Zylinder aufrollen. Den Teig mit der Frischhaltefolie führen und die Folie beim Aufrollen Stück für Stück wegziehen. Sobald der Teig aufgerollt ist, in Frischhaltefolie wickeln.

Um das typische Narutomaki-Muster zu bekommen, die Teigrolle so fest in eine Sushi-Rollmatte einrollen, dass sich das Muster der Matte bis auf den Teig durchdrückt. Dann vorsichtig wieder ausrollen, damit die Verzierungen erhalten bleiben, und zum Festwerden für mindestens eine Stunde ins Gefrierfach geben.

Zum Backen den Backofen auf 165 °C vorheizen. Den gekühlten Teig aus der Folie wickeln und in ca. 6 mm dicke Scheiben schneiden. Die Kekse mit ca. 3 cm Abstand zueinander auf mit Backpapier ausgelegte Backbleche legen und ca. 11 bis 14 Minuten backen bzw. so lange, bis sie hellgolden sind.

Zum Abkühlen auf Drahtgitter geben.

NAHRUNGSMITTELERSATZ-JUTSU: SHARINGAN-KEKSE

Mit dem Narutomaki-Keksrezept könnt ihr eine endlose Zahl verzierter Kekse backen, die die Welt von *Naruto* feiern. Anstatt den Teig zu einem Stamm zusammenzurollen (siehe Schritt 3 oben), den gekühlten Teig dafür ca. 6 mm dick ausrollen und in Kreise oder andere Formen schneiden. Dann bei 165 °C für ca. 11 bis 14 Minuten hellgolden backen und anschließend zum Abkühlen auf ein Drahtgitter geben. Dekoriert eure Kekse mit Zuckerguss (siehe S. 121), Glasurstift oder essbaren Markern z. B. mit dem Emblem von Konohagakure, mit Clan-Symbolen, Sharingan-Zeichen oder allem anderen, das eurem inneren Mangaka in den Sinn kommt. Ihr könnt diese Kekse sogar mit Gel-Lebensmittelfarbe bemalen! Gebt hierzu einfach ein paar Tropfen in eine kleine Schüssel und fügt schlückchenweise Wasser hinzu, bis die gewünschte Konsistenz erreicht ist, um mit einem kleinen Pinsel euer eigenes Meisterwerk zu erschaffen! Dekorationsbeispiele findet ihr auf der gegenüberliegenden Seite.

SCHATTENKLON-NINJA-LEBKUCHENMÄNNER

Naruto ist berühmt für seine Fähigkeit, eine ganze Schar von Doppelgängern heraufzubeschwören. Mit diesem Rezept vollbringt ihr dasselbe! Um diese Kekse zu formen, zeichnet den Umriss von einem der Kekse auf der gegenüberliegenden Seite auf festes Papier oder dünnen Karton, schneidet die Form aus und verwendet sie als Schablone beim Zurechtschneiden des Teigs. Alternativ könnt ihr euch auch Ninja-Keksausstecher besorgen, die im Backwarenfachhandel und im Internet erhältlich sind. Womöglich leben wir ja wirklich in der Shinobi-Welt!

SCHWIERIGKEIT: CHŪNIN

VORBEREITUNGSZEIT: 1 STUNDE ZZGL. 2 STUNDEN ZUM KÜHLEN DES TEIGS

KOCHZEIT: 15 MINUTEN

ERGIBT: 12 BIS 16 KEKSE

FÜR DIE KEKSE

360 g Weizenmehl Type 550

2 TL gemahlener Ingwer

2 TL gemahlener Zimt

¼ TL gemahlene Muskatnuss

1 TL Backpulver

¼ TL Salz

180 g Butter, aufgeweicht

135 g Rohrzucker

150 g Zuckersirup

1 großes Ei

1 TL Vanilleextrakt

FÜR DIE GLASUR

100 g Puderzucker

60 ml Milch

Lebensmittelfarbe

Für die Kekse in einer großen Schüssel das Mehl, den Ingwer, den Zimt, die Muskatnuss, das Backpulver und das Salz vermischen.

In einer separaten Schüssel die Butter und den Rohrzucker mit einem elektrischen Handmixer luftig aufschlagen. Dann den Zuckersirup, das Ei und die Vanille hinzufügen und sorgsam einarbeiten.

Nach und nach die Mehlmischung dazugeben; dabei nach jedem Zugeben gründlich durcharbeiten, bis alles gut vermischt ist.

Den Teig zu einer Kugel aufrollen, in Frischhaltefolie wickeln und für mindestens 2 Stunden in den Kühlschrank geben.

Sobald ihr bereit zum Backen seid, den Ofen auf 176 °C vorheizen. Den Teig auf einer leicht bemehlten Oberfläche ca. 6 mm dick ausrollen und in Ninja-Formen schneiden.

Die Kekse mit ca. 3 cm Abstand zueinander auf mit Backpapier ausgelegte Backbleche legen. Ca. 9 bis 12 Minuten backen bzw. so lange, bis die Kekse allmählich braun werden. Dann aus dem Ofen nehmen und zum Abkühlen auf Drahtgitter legen.

Für den Zuckerguss in einer kleinen Schüssel den Puderzucker und die Milch verrühren, dann auf so viele kleine Schüsseln aufteilen, wie Farben gewünscht sind. Jede Schüssel mit der entsprechenden Lebensmittelfarbe einfärben und bei Bedarf noch etwas mehr Zucker hinzufügen, falls die Farbe die Konsistenz des Zuckergusses beeinträchtigt. Aber mit dem Glasieren warten, bis die Kekse vollständig abgekühlt sind!

NERIKIRI-SHURIKEN

Auch wenn sie euch vielleicht nicht dabei helfen, eine Schlacht zu gewinnen, sind diese shurikenförmigen Leckereien genau das Richtige, um ein plötzliches süßes Verlangen zu bekämpfen! Diese Nerikiri-Shuriken sind kinderleicht zu machen, und das ganz ohne Backen: Einfach formen, ein paar Minuten an der Luft trocknen lassen und verspachteln! (Aber nicht vergessen: Nicht werfen!)

SCHWIERIGKEIT: CHŪNIN
VORBEREITUNGSZEIT: 15 MINUTEN
KOCHZEIT: 15 MINUTEN
ERGIBT: 12 STÜCK

150 g Mochiko-Reismehl

50 g Zucker

1 EL Wasser

200 g weiße Bohnenpaste (S. 109)

Schwarze Lebensmittelfarbe (optional)

In einem mittelgroßen Topf das Reismehl, den Zucker und das Wasser mit einem Holzspatel vermischen und bei mittlerer Hitze erwärmen.

Die weiße Bohnenpaste hinzufügen und alles durchmischen, bis ein klebriger, formbarer Teig entsteht. Den Herd dann ausschalten und den Teig zum Abkühlen auf einen Teller oder ein Backblech geben.

Sobald der Teig abgekühlt ist, nach Belieben mit schwarzer Lebensmittelfarbe einfärben. Hierzu nach und nach, jeweils ein oder zwei Tropfen zurzeit, die Farbe hineingeben und einkneten, bis die gewünschte Teigfärbung erreicht ist.

Um die Shuriken zu formen, jeweils einen Esslöffel Teig zurzeit verarbeiten. Den Teig zu einem Ball rollen und mit der Handfläche zu einer Scheibe flachdrücken. Dann mit einem Messer oben, unten und an den Seiten abgerundete Dreiecke herausschneiden, sodass eine Sternform entsteht (siehe Bild). Die verbliebenen Ecken mit den Fingern zu Spitzen formen. Dies mit dem restlichen Teig wiederholen.

Einige Minuten an der Luft trocknen lassen, dann entweder sofort servieren oder später gekühlt auftischen.

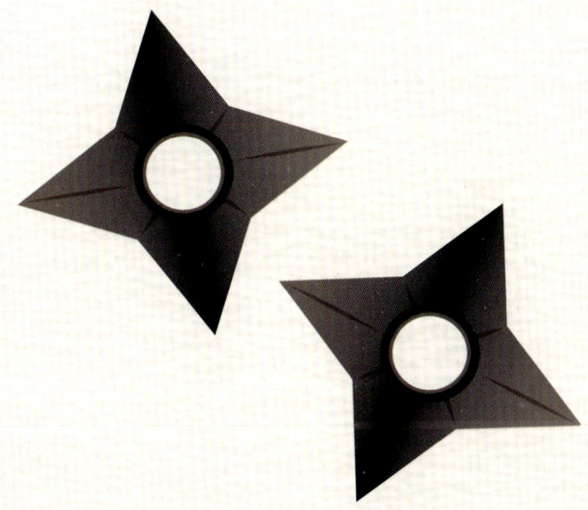

8. KAPITEL: GETRÄNKE

Wenn ihr euch schon immer gewünscht habt, zusammen mit Team 7 im Teehaus zu sitzen, schaffen die letzten Rezepte dieses Buches hier zumindest ein bisschen Abhilfe. Außerdem findet ihr in diesem Kapitel einige Vorschläge, um ein wenig zu entspannen, wenn nach einem Tag anstrengendem Training euer Chakra erschöpft ist – oder umgekehrt: das perfekte Getränk, um neue Energie zu tanken!

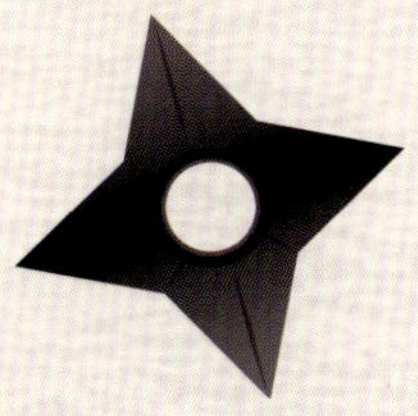

KONOHAGAKURE-AKADEMIE
MISSION #8: LASST UNS DIE KUNST DES TEES MEISTERN!

Nach einer Mission im Land des Tees kehrten einige Konoha-Shinobi unlängst mit einem wahren Schatz an Tee-Wissen zurück. Wusstet ihr zum Beispiel, dass frisch gepflückter grüner Tee, genau richtig gebrüht, einen buttrigen Spargelgeschmack haben kann? Obwohl sie alle von derselben Pflanze stammen, können Teeblätter ganz unterschiedliche Aromen besitzen, abhängig von der Größe des Blattes, der Erntezeit und sogar der Menge an Schatten, den der Tee beim Wachsen hatte. Sich mit Tee auseinanderzusetzen ist für Schüler der Akademie eine ausgezeichnete Möglichkeit, ihre Beobachtungsgabe und ihre sensorischen Fähigkeiten zu schärfen. Und natürlich schadet es auch nicht, zu wissen, wie man für seinen Sensei eine gute Tasse Tee aufbrüht!

TRAININGSÜBUNG: GRÜNER TEE

SCHWIERIGKEIT: GENIN
VORBEREITUNGSZEIT: 5 MINUTEN
KOCHZEIT: 10 MINUTEN
ERGIBT: 6 TASSEN
SONDERAUSSTATTUNG: KÜCHENTHERMOMETER, TEESIEB

20 g loser grüner Tee (beliebige Sorte)

Für diese Mission werdet ihr ein wenig experimentieren, um zu erkennen, wie der Geschmack von Tee durch alle möglichen Faktoren beeinflusst wird, selbst wenn es sich um ganz gewöhnlichen Tee handelt, den ihr im Supermarkt gekauft habt.

Stellt zunächst zwölf hitzebeständige kleine Tassen und ein Teesieb bereit (ein feinmaschiges Cocktailsieb mit Handgriff funktioniert ebenfalls) und bringt in einem Kessel Wasser zum Kochen. Gießt dann jeweils ein bisschen Wasser in sechs der Tassen und schwenkt es herum, um die Seiten der Tasse anzuwärmen. Schüttet das Wasser dann aus. Gebt als nächstes 2 TL Loseblatttee in jede der sechs nicht vorgewärmten Tassen. (Finger weg von Teebeuteln! Die verwendete Teemenge genau zu kontrollieren ist für Teeliebhaber ein Muss!)

Mit einem Thermometer die Wassertemperatur im Kessel prüfen. Sobald die Temperatur auf 94 °C sinkt, jeweils 180 ml Wasser in die beiden Tassen mit den Teeblättern gießen. Lasst den Tee in der einen Tasse eine Minute ziehen und seiht ihn dann in eine der angewärmten, leeren Tassen. Lasst den anderen Tee drei Minuten ziehen, bevor ihr ihn in eine andere leere Tasse seiht.

Wartet, bis die Wassertemperatur 82 °C erreicht. Dann wiederholt den Vorgang und braut erneut zwei Tassen Tee auf, von denen ihr eine für eine Minute und die andere für drei Minuten ziehen lasst.

Wiederholt das Ganze dann mit den letzten Tassen mit einer Wassertemperatur von 71 °C. Wenn ihr fertig seid, solltet ihr gemäß dieser Tabelle sechs Tassen aufgebrüht haben:

Temperatur	1 Minute Ziehzeit	3 Minuten Ziehzeit
93 °C	Tasse 1	Tasse 2
82 °C	Tasse 3	Tasse 4
71 °C	Tasse 5	Tasse 6

Nun zum lustigen Teil: Probiert jede Tasse Tee! Welche Tasse ist euer Favorit? Für gewöhnlich wird Tee bei der Temperatur, mit der die Tassen 1 und 2 gebrüht sind, bitter, wohingegen die Tassen 5 und 6 zeigen, wie Tee im Idealfall schmecken sollte.

MATCHA AUFBRÜHEN

So, wie es Unterschiede beim Anbau von Tee gibt, wird er auch auf unterschiedliche Weise verkauft. Der meiste grüne Tee wird in Form von getrockneten Blättern angeboten, doch bei qualitativ höherwertigen Teeblättern geht man noch einen Schritt weiter und mahlt sie zu einem feinen grünen Pulver. Dadurch bekommt Matcha einen leicht bitteren Geschmack, weshalb er in Teehäusern häufig zusammen mit kleinen süßen Leckereien serviert wird.

Matcha kann auf viele verschiedene Arten genossen werden, z. B. in Smoothies oder mit aufgeschäumter Milch in Form eines Latte. Doch um mit wenig Aufwand ein bemerkenswertes Getränk zuzubereiten, geht nichts über die Verwendung eines traditionellen Matcha- oder Bambusbesens, vor allem, wenn es gilt, die richtige schaumige Textur hinzubekommen. Also schnappt euch euren Besen und eine kleine Schüssel und lasst uns Tee aufbrühen!

Im Allgemeinen gibt es zwei Arten von Matcha-Tee: Usucha (dünner Matcha) und Koicha (dicker Matcha). Wobei dicker Matcha nicht unbedingt dickflüssiger ist; vielmehr wird hierfür bloß mehr Pulver verwendet, weshalb man vorzugsweise hochwertigeren Matcha benutzen sollte, damit der Tee am Ende nicht zu bitter wird.

SCHWIERIGKEIT: GENIN

VORBEREITUNGSZEIT: 5 MINUTEN

KOCHZEIT: 1 MINUTE

ERGIBT: 1 PORTION

SONDERAUSSTATTUNG: BAMBUS-SCHNEEBESEN, KÜCHENTHERMOMETER

1 TL Matchapulver

Eine kleine Schale vorwärmen, indem ihr heißes Wasser hineingießt und langsam in der Schale schwenkt, um die Seiten zu erwärmen. Das Wasser dann ausgießen und die Schale abtrocknen.

Euren Bambusbesen mit Wasser abspülen, um zu verhindern, dass das Matchapulver daran kleben bleibt.

Für Usucha ca. ½ TL Matchapulver in die Schale geben, für Koicha 1 TL.

Das Wasser auf 82 °C erwärmen, dann 120 ml davon in die Schale gießen.

Mit dem Bambusbesen kräftig verquirlen, bis keine Klümpchen mehr zu sehen sind und sich an der Oberfläche ein schöner Schaum bildet.

HAUSGEMACHTER GENMAICHA

Früher war Tee viel teurer als heute, besonders damals, als die Shinobi-Weltkriege den Handel störten. Um den verfügbaren Tee zu strecken, damit er länger hielt, mischten viele ihn mit geröstetem Reis, was dem Ganzen eine subtile, nussige Note verlieh. Experimentiert mit unterschiedlichen Reissorten, um eure Lieblingsmischung zu finden!

SCHWIERIGKEIT: GENIN
VORBEREITUNGSZEIT: 5 MINUTEN
KOCHZEIT: 5 MINUTEN
ERGIBT: 4 PORTIONEN

2 EL japanischer Reis

2 EL loser grüner Tee

1 TL Matchapulver

Den Reis in eine kleine Pfanne geben und bei schwacher Hitze rösten, bis er dunkler wird (ca. 5 Minuten). Dann vom Herd nehmen und abkühlen lassen.

Den gerösteten Reis mit dem losen grünen Tee und dem Matchapulver vermischen. Bis zum Gebrauch in einem luftdicht verschließbaren Behälter lagern. Aufbrühen wie ganz gewöhnlichen Loseblatttee.

KURENAIS SHŌCHŪ-MARTINI

Bei diesem Drink kommt Kurenai Sarutobis Lieblings-Shōchū (destilliert aus Reis und Gerste) anstelle von traditionellem Gin oder Wodka zum Einsatz, um einen Martini zu kredenzen, wie man ihn sich wünscht, um ein bisschen zu entspannen, nachdem man den ganzen Tag die nächsten Shinobi-Generation trainiert hat. Und wenn zu den Schülern dann auch noch Naruto gehört, darf´s gern ein Doppelter sein!

SCHWIERIGKEIT: GENIN
VORBEREITUNGSZEIT: 5 MINUTEN
ERGIBT: 1 COCKTAIL

Einige Eiswürfel

60 ml Shōchū (japanischer Branntwein)

60 ml trockener Wermut

1 TL Yuzu- oder Zitronensaft

1 Streifen Zitronenschale

Das Eis, den Shōchū, den Wermut und den Yuzusaft in einen Cocktailshaker geben und gut schütteln.

In ein Martiniglas seihen.

Die Zitronenschale in beide Hände nehmen und über dem Glas in unterschiedliche Richtungen drehen, damit etwas von dem Öl austritt, das in der Zeste steckt. Damit den Rand des Glases einreiben, um dem Ganzen noch mehr Geschmack zu verleihen. Mit der Zitronenschale garnieren und servieren.

KONOHA COSMO

In Konohagakure heißt es, das Trinken dieses Cocktails sei der erste Schritt zum Erlernen des Betrunkene Faust-Taijutsus. Doch falls ihr genauso wenig Hochprozentiges vertragt wie Rock Lee, empfiehlt es sich, den Alkohol hierbei durch einen zusätzlichen Spritzer Cranberrysaft zu ersetzen, um stattdessen einen erfrischenden Mocktail zu zaubern.

SCHWIERIGKEIT: GENIN
VORBEREITUNGSZEIT: 5 MINUTEN
ERGIBT: 1 COCKTAIL

Einige Eiswürfel

60 ml grüner Tee

30 ml Wodka

15 ml Orangenlikör

30 ml Cranberrysaft

1 TL Limettensaft

1 Streifen Limettenschale

Alle Zutaten außer der Limettenschale in einen Cocktailshaker geben.

Einige Sekunden kräftig schütteln, dann in ein Cocktailglas seihen.

Die Limettenschale in beide Hände nehmen und über dem Glas in unterschiedliche Richtungen drehen, damit etwas von dem Öl austritt, das in der Zeste steckt. Damit den Rand des Glases einreiben, um dem Ganzen noch mehr Geschmack zu verleihen. Mit der Limettenschale garnieren und servieren.

NARUTO-HIGHBALL

Genießt diesen Drink am besten zusammen mit Shuriken-Senbei (siehe S. 27) oder anderen salzigen Snacks.

SCHWIERIGKEIT: GENIN
VORBEREITUNGSZEIT: 5 MINUTEN
ERGIBT: 1 COCKTAIL

Einige Eiswürfel

45 ml japanischer Whiskey

130 ml Mineralwasser (mit Kohlensäure)

1 Streifen Zitronenschale

1 Zweig frischer Estragon (optional)

Das Eis, den Whisky und das Mineralwasser in ein Highball-Glas geben und umrühren.

Die Zitronenschale in beide Hände nehmen und über dem Glas in unterschiedliche Richtungen drehen, damit etwas von dem Öl austritt, das in der Zeste steckt. Damit den Rand des Glases einreiben, um dem Ganzen noch mehr Geschmack zu verleihen.

Zum Servieren mit der Zitronenschale und, falls gewünscht, mit einem frischen Estragonzweig garnieren, zu Ehren des Waldes, der Konohagakure vor allzu neugierigen Blicken verbirgt.

HIMBEER-RASENGAN

Vollgepackt mit Antioxidantien und natürlicher Süße, ist dieser Smoothie genau das Richtige, um euch mit einem Chakra-Strudel für den Tag zu stärken!

SCHWIERIGKEIT: GENIN
VORBEREITUNGSZEIT: 5 MINUTEN
ERGIBT: 1 SMOOTHIE
SONDERAUSSTATTUNG: MIXER

1 Banane, grob gehackt

120 g Vanillejoghurt

240 ml Sojamilch

100 g TK-Himbeeren

1 TL Matchapulver

1 EL Honig

Einige Eiswürfel

Die Banane, 60 g Joghurt, die Sojamilch, die Himbeeren, das Matchapulver und den Honig in einen Mixer geben und auf niedrigster Stufe glatt pürieren (ca. 5-10 Sekunden).

Nach und nach die Eiswürfel hinzufügen und weiter auf niedriger Stufe durcharbeiten, bis die gewünschte Konsistenz erreicht ist. Dann 15 Sekunden auf hoher Stufe pürieren, damit das Ganze schön glatt und geschmeidig wird.

Den Smoothie zum Servieren in ein hohes Glas gießen, den restlichen Joghurt darauf schichten und mit einem Löffel ein wenig umrühren, bis ein Wirbel entsteht. Zeitnah servieren.

UMRECHNUNGSTABELLEN

Volumen

USA	METRISCH
⅕ Teelöffel (TL)	1 ml
1 Teelöffel (TL)	5 ml
1 Esslöffel (EL)	15 ml
1 Flüssigunze (fl. oz.)	30 ml
⅕ cup	50 ml
¼ cup	60 ml
⅔ cup	80 ml
3.4 Flüssigunzen (fl. oz.)	100 ml
½ cup	120 ml
⅔ cup	160 ml
¾ cup	180 ml
1 cup	240 ml
1 pint (2 cups)	480 ml
1 quart (4 cups)	1 l

Temperaturen

FAHRENHEIT	GRAD CELSIUS
200°	94 °C
212°	100 °C
250°	120 °C
275°	135 °C
300°	150 °C
325°	163 °C
350°	177 °C
400°	205 °C
425°	218 °C
450°	232 °C
475°	246 °C

Gewicht

USA	METRISCH
0.5 Unze (oz.)	14 g
1 Unze (oz.)	28 g
¼ Pfund (lb.)	113 g
⅓ Pfund (lb.)	151 g
½ Pfund (lb.)	250 g
1 Pfund (lb.)	500 g

LEBENSMITTELINFORMATIONEN

V = Vegetarisch
GF = Glutenfrei
V+ = Vegan
GF* = Glutenfrei mit Tamari-Sojasoße
V* = Vegetarisch mit vegetarischem Dashi
V+* = Vegan mit vegetarischem Dashi

1. Kapitel

Klassisches Dashi	GF	V*	V+*
Reste-Dashi-Furikake	GF*	V*	V+*
Kakashis Auberginen-Miso-Suppe	GF	V*	V+*
Konoha-Pilzsuppe	GF*	V+*	
Ninja-Hunde-Nikuman	GF*		
Tsunades Heil-Zosui	GF*		
Chōjis Chips	V+		
Shuriken-Senbei	GF	V	V+

2. Kapitel

Japanischer Dämpfreis	GF	V	V+
Sasukes Lieblingsonigiri	GF*		
Sanddorf-Sekihan	GF V V+		
Schattenklon-Jutsu: Hinatas Naruto-Onigiri	GF		
Inarizushi »Madaras Auge«	GF* V* V+*		
Schattenklon-Jutsu: Sanshōs Curry des Lebens	GF*		
Uzumaki-Omelett	GF*		

3. Kapitel

Teuchi Udon	V	
Shukakus einschwänziges Tanuki-Soba	V*	V+*
Kuramas neunschwänzige Kitsune-Udon	V*	V+*
Nejis Heringssoba	GF*	
Mighty Guys superwürzige Curry-Udon der übersprudelnden Jugend		
Narutos Instant-Ramen-Hacks		
Schattenklon-Justu: Ichiraku-Ramen		

4. Kapitel

Gedämpfte Fischküchlein: Narutomaki	GF
Frittierte Fischküchlein: Satusuma-Age	GF
Kakashis salzgebackener Makrelenhecht	GF*
Seeungeheuer-Tempura	
Achtschwanz-Tako-Su	GF*
Shikamarus Schmormakrele	GF*
Kisames Chirashi-Sushi	GF*

5. Kapitel

Klassisches Chicken Teriyaki	GF*
Chōjis Yakiniku	GF*
Chankonabe des Akimichi-Clans	
Schattenklon-Jutsu: Borutos Chili-Burger	
Schattenklon-Jutsu: Supersaurer Burger	
Sakuras Umeboshi-Hühnchen	GF*
Endlose Tsukuyomi-Tsukune	GF*
Akamarus Lieblingsfutter	GF*

6. Kapitel

Kurz eingelegte Gurken	GF	V	V+
Chrysanthemen-Radieschen aus Yamanakas Blumenladen	GF	V*	V+*
Sasukes eingelegte Soja-Tomaten	GF	V*	V+*
Sais kunstvoller Agedashi-Tofu	GF*	V*	V+*
Sais essbare Tinte	GF*	V*	V+*
Inos Kirschtomatensalat	GF*	V	V+
Shinos Wildgras-Käfer-Salat	GF*	V*	V+*
Brock Lees Gomaae	GF*	V*	V+*

7. Kapitel

Rote Bohnenpaste: Anko	GF	V	V+
Hinatas Zenzai	GF	V	V+
Ankos Sirup-Dangos	GF*	V	V+
Zimtschnecken des Uzumaki-Clans	V		
Sasukes Fluchmal-Castella	V		
Tentens Sesam-Dumplings	GF	V	
Narutomaki-Zuckerkekse	V		
Schattenklon-Ninja-Lebkuchenmänner	V		
Nerikiri-Shuriken	GF	V	V+

8. Kapitel

Trainingsübung: Grüner Tee	GF	V	V+
Matcha aufbrühen	GF	V	V+
Hausgemachter Genmaicha	GF	V	V+
Kurenais Shōchū-Martini	GF	V	V+
Konoha Cosmo	GF	V	V+
Naruto-Highball	GF	V	V+
Himbeer-Rasengan	GF	V	

FÜR MEINEN MANN EAMON UND MEINE TOCHTER GISELLE.

— Danielle Baghernejad

ÜBER DIE AUTORIN

Danielle Baghernejad, die sich selbst als »japanophil« bezeichnet, liebt seit langem alles Japanische. Seit sie am College die Welt von Anime und Manga für sich entdeckte, beschäftigt sie sich immer eingehender mit den verschiedenen Aspekten der japanischen Kultur. Mit ihrer Teilnahme an der TV-Show *Sekai! Nippon Ni Ikitai Hito Ouendan* erfüllte sich ihr Traum, die Feinheiten der japanischen Küche aus erster Hand zu erleben. Seitdem arbeitet sie daran, einem westlichen Publikum authentische japanische Rezepte zugänglicher zu machen. Während sie ihre Abende meist damit zubringt, in ihrem Blog auf OtakuFood.com über Essen zu schreiben, verbringt sie ihre Freizeit mit ihrem Ehemann Eamon und ihrer Tochter Giselle vorzugsweise in der heimischen Küche.

www.paninishop.de

Amerikanische Originalausgabe erschienen 2022 bei Reel Ink Press, Cobb, Kalifornien:

Fotos: Ted Thomas
Food- & Prop-Styling: Elena P. Craig
Food-Styling-Assistenz: August Craig
Illustrationen: Monique Narboneta Zosa

Deutsche Ausgabe erschienen bei Panini Verlags GmbH, Schloßstr. 76, 70176 Stuttgart.

Geschäftsführer: Hermann Paul
Head of Editorial: Jo Löffler
Head of Marketing: Holger Wiest
Projektredaktion: Andreas Kasprzak
Übersetzung: Andreas Kasprzak
Lektorat: Katja Böhm
Satz und Layout: Roberts Urlovskis
Presse und PR: Steffen Volkmer

YDNAKB001
ISBN 978-3-8332-4300-4
1. Auflage, Januar 2023

Hergestellt in China
10 9 8 7 6 5 4 3 2 1

ラーメン